U0455846

德政令

中世日本的法律与习俗

〔日〕笠松宏至 著

褚以炜 译

长江出版传媒 崇文书局

图书在版编目（CIP）数据

德政令：中世日本的法律与习俗 ／（日）笠松宏至著；褚以炜译 . —— 武汉：崇文书局，2023.9
（崇文学术译丛 . 日本史经典）
ISBN 978-7-5403-7403-7

Ⅰ . ①德… Ⅱ . ①笠… ②褚… Ⅲ . ①法制史－研究－日本－中世纪 Ⅳ . ① D931.39

中国国家版本馆 CIP 数据核字（2023）第 142466 号

出 版 人：韩 敏
责任编辑：鲁兴刚
责任校对：李堂芳
装帧设计：彭振威设计事务所
责任印制：李佳超

德政令：中世日本的法律与习俗
DEZHENGLING ZHONGSHI RIBEN DE FALÜ YU XISU

出版发行：长江出版传媒 崇文书局
地　　址：武汉市雄楚大街 268 号 C 座 11 层
电　　话：(027)87677133　　邮政编码：430070
印　　刷：湖北新华印务有限公司
开　　本：880mm×1230mm　　1/32
印　　张：5.75
字　　数：120 千
版　　次：2023 年 9 月第 1 版
印　　次：2023 年 9 月第 1 次印刷
定　　价：74.00 元

（如发现印装质量问题，影响阅读，由本社负责调换）

《永仁德政令》抄本　1345 年，下久世庄百姓将此作为证据提交给东寺。现藏京都府立京都学·历彩馆。

下久世庄百姓的陈状　其中略显狡诈地将"实得"改作"实买"，见右起第五列。

右当知行之後、雖不論理、經廿箇年者、任右

大將家之例、不論理非、不能改替之。

如後鑑二十箇年之跡、以雖不給状、依敘用、不及改替。

九

一。謙叛人事

右式目之趣、雖依時儀、可被行之。

十

一。親類被誅罰事

右或被誅之身、依其身被誅、父子之罪科雖異、論其親類、被誅罰者、各宜事之次第。

一。殺害人事

《御成败式目》 1232年由北条泰时等人制定的这部镰仓幕府法令，是武家社会最初的成文法。对后世影响尤大。最右侧的条文就是后世所称"二十年知行年纪法"。享禄二年刻本。

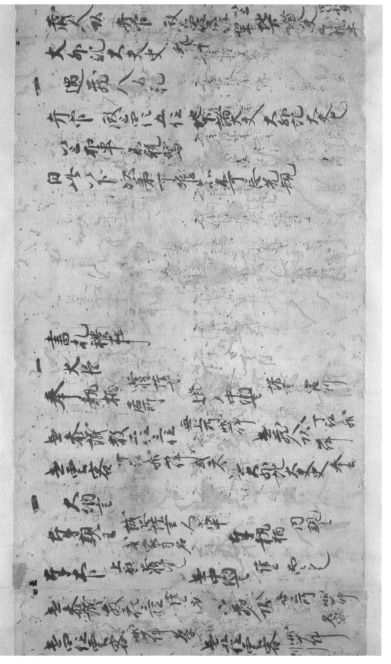

《弘安礼节》 右侧列举了贵族路上相遇时的礼节，左侧则规定了写信时的措辞。镰仓后期抄本。

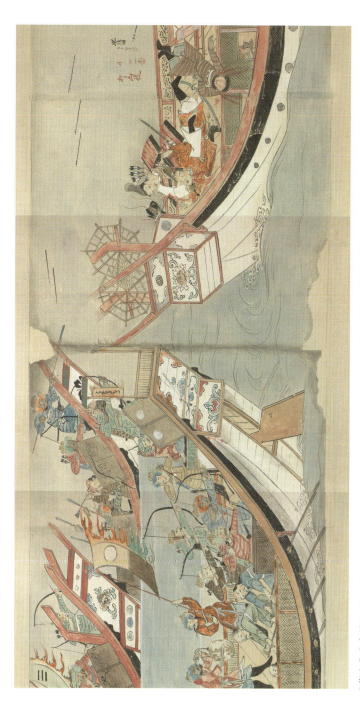

《蒙古袭来合战绘卷》局部 土佐长隆、土佐长章绘，底本为竹崎季长请人制作的《蒙古袭来绘词》。

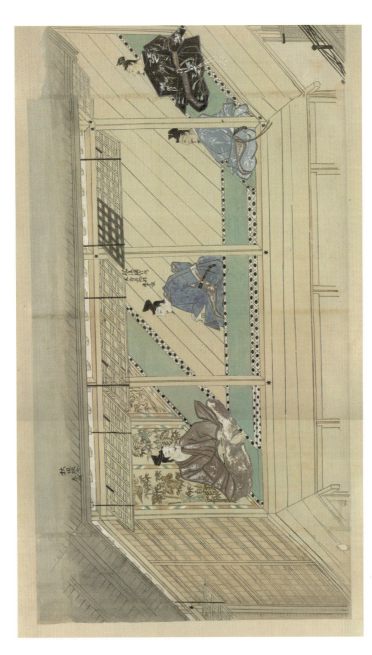

《蒙古袭来合战绘卷》局部 画面最左人物为安达泰盛，中间人物为九州武士竹崎季长。

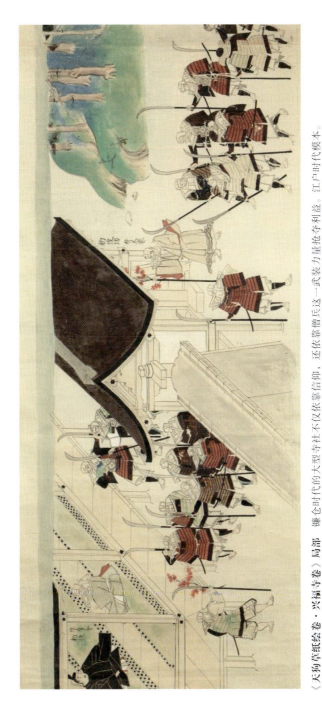

《天狗草纸绘卷·兴福寺卷》局部　镰仓时代的大型寺社不仅依靠信仰、还依靠僧兵这一武装力量抢夺利益。江户时代模本。

《一遍圣绘》摹本 镰仓时代京都的街头。

目 录

本书据《德政令 中世の法と慣習》讲谈社学术文库

版翻译，正文前八幅图片为中文版新增

第一章

无名之法、有名之法

对于民众而言的法律

宪法第九条

若问《日本国宪法》一百零三条中哪一条最著名，人们大概会异口同声地说出第九条。世界史上绝无仅有的"放弃战争，否认军备及交战权"之内容，从制定至今在国会、法庭、媒体、学校、家庭反复上演的无数激烈讨论，使这条法令尽人皆知。相比同样载于宪法但基本无人问津的无名法条，第九条可谓《日本国宪法》中的明星。

不过，这颗明星在几个世纪之后的日本社会中依然能保有这个地位吗？比如在 25 世纪的中学日本史教科书（如果那时还有这种东西的话），不管是芳名还是恶名，这条法令能否留名其中呢？这种事谁都预测不了吧。战争也好，自卫权也好，安全保障也好，这些事情到那个时候是依然如故，还是面目一新？基于这种无法预计的因素，人们对待"作为历史的宪法第九条"的方式当然也会大相径庭。

那么，我们把话题从现在与未来，换成过去与现在。在数个世纪以前的法律中，有没有在立法当初就鼎鼎有名，如今也广为人知的法令呢？

《永仁德政令》

在13世纪末，距今约七百年的永仁五年（1297），镰仓幕府发布了一条现在称作《永仁德政令》的法令。在20世纪末的现在，不说初高中教科书，连各种概说书籍、年表，甚至近来流行的历史漫画都会介绍这条法令的内容。也就是说，几乎所有当代日本人都有那么两三次听到、看到这条法令的名称。我试着问了一下厌恶历史，缺乏历史常识到我都吓一跳的家人，他们也记得这个名称。同样是镰仓幕府时期的《御成败式目》，或者8世纪的《大宝律令》等律令，虽然法典的名称同样知名，但具体内容就没那么有名了。至少在单行法上，现在没有一条法令能和这条世人尽知的中世法令相提并论。

为什么《永仁德政令》在今天如此著名？换句话说，历史研究者和历史教育者何以认为这条法令必须要写进教科书及许多历史书中呢？这是正确的做法，还是人云亦云的结果而已？各位读完本书后可以思考一下这个问题。

此事暂且不论，我们首先要思考的是，就像今天宪法第九条无出其右的知名度一样，《永仁德政令》在立法之初，也就是 13 世纪末到 14 世纪初的日本社会中，也是闻名遐迩的法令吗？

这个问题自然没有预测未来那么难，但毕竟是在好几个世纪以前，而且要调查的是法令的知名度，肯定要花费不少工夫。并且，著名不著名是极其相对化的评价，比如你问源义经在镰仓时代初期是不是举世闻名，恐怕谁也没法简单回答你。然而，"永仁德政令"在立法当初的中世社会，是连相当边鄙的庶民也闻其名的知名法令。

不为人知的法律

不过，要谈论某条特定法令是否著名，我们有必要知道法律——这里仅指成文法——总体上的社会认知程度。反过来说，我们有必要知道民众知晓多少有关法律的信息。

作为现代国家的公民，我们用几张千元钞票就可换得一本每年更新的《六法全书》，通过目录、索引可轻易检索到所需法律原文。碰到官司能否据此自辩暂且不论，仅仅要掌握某些特定事项的法律知识，对于普通人来说也不算难事。特别是与公民生活密切相关的法律，在书店的货架上总能找到恳切细致的解读书籍。

那么，在《永仁德政令》出现的年代，中世的人们如何认识到某一法令的存在呢？众所周知，在镰仓时代，日本存在京都的朝廷、镰仓的幕府这两个中央权力，极其笼统地说，它们均制定在全国范围内有效力的法律。就其中的幕府法律而言，现在内容明确可知的法条就超过八百条。

不过，最重要的是中世人如何了解这些法令。他们是通过立在路口的告示牌来知道立法之事，还是有《六法全书》那样的书籍流传呢？如果这样提问，答案只能是"哪有那种事情！"。让我用稍有夸张的说法来回答：昭和三十年（1955）佐藤进一、池内义资两氏主编的《中世法制史料集》第一卷《镰仓幕府法》（岩波书店）出版后，我们能比任何一位镰仓时代人士都更精通镰仓幕府法律。

不管是形式上还是实质上，没有证据显示中世法律是秘而不宣的法律。然而，普通的中世法律对于普通的中世人来说，只是不为人知的法律而已。我们举个极端的例子来说明吧。

法令是否存在？

《永仁德政令》发布二十年前左右，即建治年间到弘安初年，在纪伊国阿氏河庄，领主寂乐寺与幕府地头[1]汤浅宗亲就庄园收益分配产生纠纷，官司打到幕府的京都派出机构六波

---

1 镰仓幕府以维持庄园、公领治安为名而设置的基层职位，负责逮捕盗贼、征收年贡等。获任地头的武士往往利用权限，侵占庄园领主的土地。——译注。后文脚注如无说明，皆为译者所注。

罗探题。争端的具体内容无关本书主题，略过不谈，但其间发生了一件怪事：地头汤浅氏为证明自己的立场正当，主张本案适用于《文永五年四月廿五日关东平均之御法规》。也就是说，双方为了这份怎么看都很明确的幕府成文法令究竟是否真实存在而争执起来。

领主的杂掌[1]（代理出庭人）主张，地头一方作为证据出示的这份法令抄件中有两三处与历史事实不符，只是近日因同样罪名而被逮捕的该地头亲戚参与的"谋书"（伪造的文书），所以，地头所说的法令子虚乌有。地头对此也毫不相让，表明该抄件并非来路不清之物，而是出自"花山院内大臣家御分国因幡国杂掌本愿"这一正经人之手，是确凿无疑的幕府法令。

于是，为了解决这一问题，双方在审判期间不得不重复交换诉状、陈状这种对谁都相当耗费时间的论辩。

那么作为法院的六波罗探题又如何处理呢？他们既没有对两方的控辩调解，也没有行使职权做出结论，而且当事者对此也不抱期待。说起来也是立法机构的幕府机构六波罗探题，为何一直采取这种态度呢？就此事而言，我推测六波罗根本不具备解决问题的能力，不过我们现在无需思考到那么深。大家只要理解当时必须由诉讼当事人自己证明法令实存与否就可以了。这种事情放在现代法律的世界是做梦都想象

1　庄官之一，分管年贡等事情。

不到的事情，但却是中世法律的现实。那么，"证明法令确切存在"容易吗？

法律的信息

地头汤浅氏当然是幕府创立以来积极活跃的关东御家人[1]。虽不知道是通过什么关系，但这样的人也必须从因幡国国衙一个吏僚之辈那里才拿到了幕府法令的抄件。这份抄件采用了立法机构镰仓幕府发给京都六波罗探题的御教书[2]形式，则如其所示，当时根本不存在把普通的幕府法令正式传达给遍布全国的各个御家人手中的系统。

完全是题外话，不过我记得刚开始学习历史的时候，在大学的研究室翻开石井良助氏的名著《中世武家不动产诉讼法之研究》（弘文堂书店，1938 年；高志书院，2018 年），某位学长（非日本中世史专业）说了这么一句话："这是教中世的人如何打官司的书呀！"这位学长的话多少语带嘲讽，但不管这个意思，随着岁月流逝，我越发觉得这句话是至理名言。不管是多么有才能的幕府断案专家，没有一个人能够掌握这本书所载知识、案例的 30% 吧。如果当时有人能得到这本书，面对任何官司无疑都能百战百胜。同样，在今天手头有《中

---

1 与镰仓幕府将军缔结主从关系的武士。
2 一种文书形式，是奉将军之意而下达的文书，其中会有"依镰仓殿仰""仰"等固定词句。

世法制史料集》的我们看来，御家人对幕府法律的了解只是
九牛一毛。

连御家人都是这种情况，更不要说普通的中世人了。他
们了解幕府最新的立法情况乃至法令内容等的机会近乎为零。
因此，大部分幕府法令（朝廷法令也一样），在社会上自然是
极其无名的存在。

作为史料的镰仓幕府法

幕府法律的留存

不过，今天我们如何能了解到数世纪之前的镰仓幕府法律
呢？换句话说，镰仓幕府的法律是以何种形式的史料流传下
来的？主要的内容有以下三种：

1. 追加法令集；

2.《吾妻镜》；

3. 古文书。

其中数量最多、质量最优的是追加法令集[1]，这是冠以各种
固有名词的幕府法律的法令集。追加法令集多种多样，其中

1　镰仓、室町幕府称《御成败式目》之后单独颁布的法令为"追加法"。有《新编追加》
《建武以来追加》等追加法令集。

既有收录许多法令者，也有收录零星几条者；既有大体上按照编年顺序排列法令者，也有按照法令种类分别编列者。至于这些法令集如何以及何时成书，则全都不是很清楚。

《吾妻镜》则是日记体的史书，自幕府创立至文永三年（1266），但实际上是成书于镰仓后期的编纂作品。因此，我们需要对其记事逐一进行史料批判，有关法令的记事当然也不例外。

比如御家人的遗孀带着亡夫让与的领地再婚，是《御成败式目》禁止的行为。干犯这条禁令，该领地就会被没收。所以她们尽管年纪轻轻、健康无病，也会谎称得了重病而把领地让给儿子、亲眷，提前获得幕府的安堵状（领有权保证书）。也就是说，只要改变土地的名义所有人，即便本人再婚也不必担心土地被没收的问题，所以使用这一招的遗孀层出不穷。于是幕府在历仁元年（1239）发布法令，规定除非本人处于病危状态，否则停止为遗孀转让土地发放安堵状。这是冷静阅读追加法令集所记法条内容就不会发生错误的事情，但《吾妻镜》的编纂者（虽然不知道是什么人，但肯定是幕府有关人员）却把法令的意思错误理解为已经去世的御家人本人若无重病云云。这是极其有名的例子。即便没有如此大谬不然，《吾妻镜》里的同类错误也不计其数。

混入的伪造文书

以上所说已离题很远，不过这里顺便介绍一个有关《吾妻镜》和《永仁德政令》的趣味推理例子吧。

《吾妻镜》的记事终于文永三年（1266），而《德政令》[1] 是永仁五年（1297）的事，所以二者没有什么直接关系，但我们将一份，不对，两份古文书放在其中，就产生了一段有趣的因缘。

伊予国的三岛文书[2] 存有一封开头为"通信相共候御家人交名事"的文书。其中列举了三十二个人名，以大意是"这些御家人离开同国守护的指挥，编入河野通信麾下"的语句结尾。其落款日期为元久二年（1205）闰七月日。但是，这封文书无论是样式还是内容，都是明确无疑的伪造文书，也就是某人为了获得某种不正当利益而假造的文书。另一方面，《吾妻镜》在同年闰七月二十九日也记载了这三十二人的名单，在其前后加上了和上述文书几乎同样内容的说明。

仔细琢磨两者内容，我们基本可以确证《吾妻镜》的记载只以这份伪造文书为材料，而未基于其他史料。我想细心的读者已经注意到，文书的落款日期是闰七月某日，而《吾妻

1　本书带书名号的德政令，特指《永仁德政令》这一法令；未加书名号者，为这一类法令的通称。——编注

2　全称《大山祇神社三岛家文书》。本处提及的伪造文书可参见东京大学史料编纂所编《大日本史料》第四编第八册第 626 页。

镜》的记载是闰七月二十九日。乍一看，人们可能会以为七月二十九日的说法比七月某日更准确，觉得它还使用了日期为二十九日的其他材料。实际上并非如此。事情的真相是，这份作为编纂资料的文书原文只有月份而没有日期，编纂者无奈之下，只好将其置于月末，也就是记在七月二十九日。单从这点看，文书成文在先而《吾妻镜》编纂在后是非常明确的。

果真如此，读者或许会惊讶地发现，作为幕府准正史编修事业而成书的《吾妻镜》竟然使用伪造文书作为材料。但这并不是特别少见的例子。要言之,这只是编纂者搜集文书资料，把混迹其中的伪造文书当真，并写成不予置疑的记录而已。

御家人的身份证明

不过，这份伪造文书是何时、基于何种目的伪造出来的呢？答案在三岛文书中正安二年（1300）八月，已经接近镰仓时代末尾时六波罗探题的官司判决书中。在过去的文永年间（1264—1275）卖掉领地的御家人三岛安俊提起诉讼，请求据《永仁德政令》收回已售领地，但该领地的实际支配者对六波罗的出庭命令置若罔闻。因此六波罗直接判决原告胜诉，即该事适用于《德政令》。这张文书就是此案的判决书。

原告三岛安俊提交的三份证明文书中，就有一份题为《元久二年闰七月日右大将家御下知》的文书，也就是上述伪造文书。这份文书之所以具有证据价值，是因为其中的御家人名单中有三岛安俊的祖先"安时 三岛大祝"的名字。为了在幕府的判决中主张自己适用于《永仁德政令》，卖掉领地的人就必须是御家人。所以，御家人身份存疑的人就有必要证明这一点。

在此，原告也必须对法庭抱有的疑念做出答复。也许读者会认为，关于某人是不是关东御家人这种事情，尤其是在幕府的法庭中，无需本人自证幕府也应该早就了然于心吧。但是，实际并非如此。用一个不太恰当的比喻来说，就像公司职员拿出过去的任免书、工资单来证明自己的职员身份一样，御家人也有很多时候要据此自证身份。此处无法详述其理由，但简单地说，一是幕府的裁决以彻底的当事人主义为原则，证供仅限于当事人自己提交之物；二是御家人与非御家人的区别在现实中相当模糊，极端地说，幕府自己也搞不清正确的情况。

《吾妻镜》的成书时期

若用这种眼光来研究这份伪造文书，则一份文书中重复"御家人"一词三次，且关键的"安时 三岛大祝"甚至被加上红色旁点。这明显是以证实"三岛是御家人"为主要目标的伪造文书。我们当然不能证明这种伪造就是为了应对这次审判，但我觉得可能性极大。也就是说，这份义书在《永仁德政令》颁布至正安年间这场官司之间被伪造出来，而《吾妻镜》的编纂者利用它写下了元久二年（1205）闰七月二十九日的记事。

如果这一推理正确，在此我们就可以得出一个结论：《吾妻镜》——包括前半部分在内——的成书时期必定是永仁五年（1297）以后。过去，八代国治氏比定该书前半部分成书于文永年间（1264—1275），后半部分成书于正应到嘉元年间（1288—1306），之后就不曾出现有说服力的不同观点。我想这份与《永仁德政令》有关的伪造文书，给这一问题提供了一条线索。

古文书

我们现在了解镰仓幕府法律的素材，一是追加法令集，二是《吾妻镜》。在这里话题不知不觉走远了，下面言归正传。第三就是所谓的古文书。

现代也是这样，文书一般从发件人之手转到收件人之手，并发挥效果。所以使用后的文书原则上由收件人保留，发件人手里只有草案、备忘录之类的文件留底。如果镰仓幕府的"公文"流传至今，我们不难想象其中有大量法令的草案、副本，但幕府文书这类文件当然是一份都没留下。不过，收件人一方的古文书有不少流传至今。所以，作为立法者的幕府若对其管下的御家人，或者因法令具体内容而直接关涉的庄园领主恒常性地执行告知法令的程序，则为此所发的文书，在御家人的家传文书以及寺社的文书群之中应该存留相当多。

可是在现实中，除了部分有关军事、治安的法令外，并不

是应该存留的文书就都保留下来了，偶然原因或者因为某种
积极努力的结果而保留下来的法令文书也寥若晨星。如果汤
浅氏将其家传文书保留下来，前述《文永五年四月廿五日关
东平均之御法规》，也许就会作为汤浅一族在镰仓昔年努力赢
得诉讼的副产品而留给我们吧。（顺便一提，这份法令未收录
于任何一部追加法令集，也不知道其正确的法令原文。）

留传下来的《德政令》

下久世庄的陈状

　　概论就此打住，作为问题的《永仁德政令》又是在何地、
以何种形式流传下来，使我们今日能够看到呢？三种材料中
的《吾妻镜》虽有前述因缘，但其记载截止文永三年（1266），
不会记录永仁年间的法令。几种追加法令集收录了《永仁德
政令》的内容。但如果仅此而已，我们对有关《德政令》的法理、
立法公布的程序等非常重要的部分几乎就无从知晓了。幸而有
一份罕见的古文书，将这部《德政令》以基本完整的原貌保留
至今。著名的京都东寺寺传文书收纳在江户时代加贺藩主前田
纲纪所捐一百个桐木箱子中，并由此得名"东寺白合文书"（京
都府立综合资料馆藏，现藏京都府立京都学·历彩馆），上述
文书就在此之中。康永四年（1345），距《永仁德政令》发布

已经过了五十年，镰仓幕府已经崩溃，推翻它的后醍醐天皇建立的建武政府也被足利氏逐出京都，时代进入了今天所称的南北朝时代。这年九月，距京都市区不远的下久世庄的百姓提交了一张陈状（对诉状的答辩书）。因为这处庄园是从足利尊氏那里获赠地头职的一元领[1]，这张陈状自然是交给了作为庄园领主而管辖这起诉讼的东寺。百姓的主张如下：

此庄往昔还是北条氏嫡系（得宗家）领地时，幕府发布了德政令。所以庄内被卖掉的土地重归原主，其后四十余年没有发生任何争议。但近日有人声称他是原买家的后裔，手持依据《德政令》应作废了的文书，起诉要求返还旧领。这实属无理取闹。因为我们据《永仁五年三月六日、同七月廿二日关东德政御事书并御教书》中的"非御家人并凡下辈质券卖买地，不谓年纪远近，卖主可取返之"的规定收回了已卖出的土地。而且，此事已过四十九年，《御成败式目》第七条[2]规定的土地取得时效也完全成立，至今已完全没有说三道四的余地。敬请驳回该不当诉讼。

---

1 镰仓中后期，通过地头承包庄园（地头请），或庄园领主将土地与地头分割（下地中分），庄园的复合所有结构改变，由某一方完全支配，称作"一元领"。此处指东寺彻底领有此庄园。

2 此条被称作"二十年知行年纪法"，即实际掌控土地二十年，则不论之前的土地所有关系如何，该土地归实效掌控人所有。"知行"指对领地的统治权，具体权力多样，在本书中基本是指"对土地的实际掌控"。

《永仁德政令》的全文

永仁五年（1297），幕府确实颁布过一份叫作《关东御德政》的法令，其内容无疑也包含支持下久世庄百姓之主张的部分。于是，为了在法庭上证实这一点，下久世庄的百姓将该法令全文的抄本作为证据文件，与上述那份陈状一道提交给了法庭。此后，这份文件作为东寺文书中的一件，历六百数十年的星霜风雨传承至今。其内容比较长，但这里仍引述全文如下（和本书引用的其他史料一样，笔者将原汉文体改为训读，将历史假名改为现代假名，并附上大致的口语译文[1]）：

关东御事书法

一、质券卖买地事　永仁五年三月六日（A）

右，于地头御家人买得地者，守本条，过廿个年者，本主不及取返。至非御家人并凡下辈买得地者，不谓年纪远近，本主可取返之。

［地头、御家人买入的土地，已过《御成败式目》规定的二十年时效，不允许卖主取回。御家人以外的武士及庶民买入的土地，不论年限如何，卖主可取回。］

自关东被送六波罗御事书法

1　中译本保留原文汉文原貌，作者的口语译文以方括号标识。

一、可停止越诉事（B-1）

右，越诉之道遂年加增，奇置之辈多疲滥诉，得理之仁犹难安堵，诸人侘傺职而此由，自今以后可停止之。但逢评议而未断事者，本奉行人可执申之。

次本所领家诉讼者，难准御家人，仍云以前奇置之越诉，云向后成败之条条事，于一个度者，可有其沙汰矣。

［上诉的案件连年增加，且败诉人为了申请上诉而越发疲敝，胜诉人为了应付诉讼也不得安生。这样下去只会加剧众人的窘困之状，今后停止上诉。不过，现在上诉申请已经提交完毕的案件则予以审结。

其次，本所领家的诉讼难以按御家人标准办理，对于过去及将来的判决，可以允许上诉一次。］

一、质券卖买地事（B-2）

右，以所领或入流质券，或令卖买之条，御家人等侘傺之基也。于向后者，可从停止。至以前沽却之分者，本主可令领掌，但或成给御下文下知状，或知行过廿个年者，不论公私之领，今更不可有相违。若背制符，有致滥妨之辈者，可被处罪科矣。

次，非御家人凡下辈质券买得地事，虽过年纪，卖主可令知行。

［领地的抵押和买卖是导致御家人贫困的根本原因，因此禁止抵押、出售土地。已经抵押、出售的土地，返还给原所有者。但是，持有认可合同的安堵状者，或知行超过二十年者，则不问公私领地，不得改变现状。违背这一规定，强迫他人返还土地者当予以处罚。

至于非御家人和庶民买入的土地，不认可其二十年知行作为例外理由。］

一、利钱出举事（B-3）

右，甲乙之辈要用之时，不顾烦费，依令负累，富有之仁专其利润，穷困之族弥及侘傺欤。自今以后不及成败，纵带下知状，不弁偿之由，虽有诉申事，非沙汰之限矣。

次入质物于库仓事，不能禁制。

［一旦缺钱就不顾头尾地反复借钱是世间通例，富人因利息而愈发富裕，穷人则愈发窘迫。今后停止受理一切债权人讨债的诉讼。即便持有保证其债权的下知状[1]，也同样处置。

不过向当铺抵押之事，不适用于此法。］

---

[1]　一种武家文书样式，因文末有"下知如件"而得名，一般是执权、管领奉将军意旨传达的命令。

越诉并质券卖买地、利钱出举事，事书一通遣之，守此旨，可被致沙汰之状，依仰执达如件。

永仁五年七月廿二日

陆奥守（大佛宣时）在御判

相模守（北条贞时）在御判

上野前司殿（大佛宗宣）

相模右近大夫将监殿（北条宗方）

买得与卖买

读过以上史料就立刻明白，这一法令在当年三月发布，七月向六波罗探题传达，中间隔了约四个月。有必要通告六波罗的法令，一般是当日就下发御教书，所以此事算是特例中的特例。耽搁如此之久的意义暂且不论，如果下久世庄的百姓不曾在半个世纪后从某个地方拿到这份史料作为凭证提交给领主东寺，我们至少无法看到七月通告部分的详尽记录。因为追加法令集收录的《德政令》内容，全部只是三月发布时的内容。

对于德政令这份贵重历史遗产的内容，我们在下节再予以说明，当前仅想提请读者注意一个小问题：

下久世庄的百姓从作为证据而提交的冗长条文中，实际引用到陈状中的部分，是前文所述的"非御家人并凡下辈质券卖买地，不谓年纪远近，卖主可取返之"。查对一下就可明白，这部分基本忠实地引用了原法令的 A 部分以及 B-2 部分。不过，再细心对读，我们就可以发现一处饶有趣味的不同之处。那就是 A、B-2 部分的"质券买得地"中的"买得"二字，在百姓的陈状中被改成了"质券卖买地"中的"卖买"。这只是没有深意的表达区别吗？

微小的改窜

我不这么认为。确实，在中世法律的世界中，即便把"买得"改为"卖买"，可能在很多情况下并不会带来法理上的巨大不同。但是，此处的情况却不一样。

> 御家人买入的领地，买卖成立二十年后，适用时效法，不适用《德政令》。
> 但是，御家人以外的非御家人及庶民买入的领地，即便领有二十年以上，也适用《德政令》，须返还给卖家。

以上是这部分法令的内容，无丝毫可质疑之处。但是我们不能忘记这里的主语作为理所当然的前提被省略了：不管买主是御家人还是非御家人、庶民，卖主一直都是御家人。这一点从 B-2 开篇是"以所领或入流质券，或令卖买之条，御家人等侘傺之基也"就能充分明确吧。这样的话，事情又会怎么样呢？根本不可能具备关东御家人身份的下久世庄百姓所卖掉的土地适用于《德政令》，本身就是滑稽之事，即便事实上当年百姓卖掉的土地因为适用了《德政令》而得以取回。

我们不知道是谁在半个世纪后实际起草了这张陈状。百姓自己构思语句、执笔写作的可能性几乎为零。也许是长于文墨的一位寺僧吧。不管起草人是谁，他在起草文章的过程中必然察觉到了这一矛盾。不把非御家人、庶民写进卖者之列就不好办了。这一微小的行动将"买得地"改成"卖买地"。现在就完全没有那种必要了。察觉到这个让人会心一笑的改窜时，诸多事情被串在一起，让我感觉非常滑稽。

第二章

德政令的出现

中世法律的世界

两个立法年份

对于中世时代的大多数人，包括法律直接对象的御家人来说，稀松平常的幕府法律笼罩在层层面纱之后。首先，立法的事实本身没有周知众人，即便通过某一渠道得知法律的存在，人们也终究不知道法条的正确内容。因此在中世法律的世界里，就有可能发生这种匪夷所思的事情。

有一份名称冗长，叫作《诸国御家人迹、为领家进止之所所，御家人役事》的幕府法令。发布日期是宽元元年（1243）八月三日。不过，这　法令的发布日期在追加法令集中虽然也是八月三日，但年份却是翌年的宽元二年。前述的《吾妻镜》也在宽元二年八月三日中记载了这件事。而更有甚者，在该法令发布三十年后的一名御家人提出的诉状中，该法令被当作在宽元元年、宽元二年两年的八月三日相继发布。

这究竟是怎么回事？中世的文书，宽元元年一般写成宽元ヽ年[1]。ヽ往往会被误作"二"，因此"元年"在抄写中就被误作"二年"。而且，这一法令的内容是御家人在继承了原庄园领主可以自由裁量的职位及收益权时，该权利能否被庄园领主任意剥夺。这对御家人、庄园领主来说都是非常紧要的规定，当然会有相当数量的信息交相传递，但在此情形下仍然产生元年、二年乃至两年连续立法的说法。即便宽元元年是正确的，有人拿出写成"二年"的史料，或者主张两年都有立法也姑且能通过。因为谁也拿不出仅某一说法正确的确证。

倍利法

只是立法年份本身不同，在中世法律的世界里还算不上问题。不过要是法理的内容也不同了，就不能这么说了。例如，姑且称作"倍利法"的限制利息的法律，在日本古代到中世的社会里一直通行，具备相当大的实际效力。倍利法作为源于律令规定的古老法令，时不时就会在案例中现身。简单来说，其内容就是不得收取超出本钱一倍以上的利息。

顺带一提，当时的月利率一般是5~7文子，也就是5%~7%，

1　ヽ为日语中的叠字符号，表示与前一个字相同。

所以只按单利计算，扣除应是本金的那部分后，利息不到四年也会达到本金的一倍。在此之后就不能加收利息了。到此为止，以此为名制定法令，或者在法庭上具体争论时，这一内容都不会引发争议。问题在后面。

利息达到本金一倍时，抵押的物品是算流质品，还是要返还给债务人？在这一点上，存在规定其为流质品的"法"与规定返还的"法"两种。另外，附属的各种"惯例"也随之出现。公家法律和武家法律[1]之间的差别等问题暂且不说，重要的是，"利不可过本钱一倍"的"大法"本身虽然有名，但不论法条内容怎么编定，后续事情的处理也没有成为中世人共通的法律认识，人们都会找出对自己有利的惯例，每遇事情就争论不休。

与《御成败式目》第七条的二十年知行年纪法同为中世社会最脍炙人口之法的倍利法，也是这种极其模糊的法律。而且，这些例外的有名之法渗透到社会中，使每一个人意识到那是与日常生活中束缚自己的地方规定、习俗不同的"诸国平均之法"，还需要很长的时日。

然而，我们的《永仁德政令》的有名程度，在地域传播速度之快、完成时间之短上，都是令人难以置信的特例。

---

1 "公家"指朝廷、贵族；"武家"指幕府、武士。

两份文书

永仁五年（1297）年六月，居住在山城国纪伊郡、署名为"藤原氏女"的女性，从男性野部友吉那里购买了一亩半田地，在通常的卖契之外，还要求对方制作了日期同样为六月二十三日的一张转让文契。转让文契的尾部明确记载了"关东御德政间，让状并卖券二通给内也"。这可以说是人们为回避德政而在文契上将买卖伪装成让与、捐赠的开端。我们当然不知道这笔田地买卖的交涉具体从何时开始。不过，无论是过去还是今天，土地买卖的交涉当然不是两三天就能完成。并且这份买卖契约的双方当事人，似乎是相对啰唆的类型。这一点虽然和德政没有直接关系，不过还是稍微说一下他们如何啰唆。

在契约成立的同时，卖主把证明领有土地的六张转手文契[1]交给买主。但是，这块土地原本约四亩半，六张文契也是不在买卖对象内的另外三亩土地的文契。在这种情况下，一般做法是由卖主保留文契，并在文契尾部记载部分土地已出售给他人。但这场买卖似乎强烈反映了买主的意向，所有文契都交给了买主。可是没了文契，要证明余下三亩土地的权利就麻烦了。于是卖主就要求买主制作了一份"对应文契"（返り証文），内容是如果将来卖主手里的剩余土地发生权利争议时，买主有义务出示如今拿到的六张文契。不过，其仅负有

---

1 手継証文。为证明土地所有权或占有权的一系列凭证，包括此前转让时的相关文契等。

出示义务，无需出借给卖主。最终，卖主交给买主一亩半土地、一份卖契、一份转让文契，买主则交给卖主十贯文地价钱和一张对应文契，总算履行了契约。这样的交涉要达到双方形成共识，无疑需要相当长的时间吧。

《德政令》在关东立法是三月初，法令传达到管辖山城等西国的机构六波罗探题是七月下旬。假定上述买卖交涉从六月二十三日之前的一个月开始，则幕府将要施行德政的风声要比文件到达六波罗早两个月传至西国，以镰仓幕府颁行法令的时间来看，仅两个半月后它就著名到让人提前制作预防德政之文书了。

置中

让我们更加往西，看看九州的例子。

这年七月以前，镇西探题（镰仓幕府统治九州的机构）就发布了如下通知：

> 有关《德政令》事项，在幕府的御教书下达之前，将本年的秋收"置中"（不给当事者任何一方，收获物封印后交由第三者看管）。

农历的七八月，在气候温暖的地方已经是割稻的季节了。这时丰后国御家人志贺禅季试图依据《德政令》，要回弘安六年（1283）卖给大野基直的遗孀尼姑善阿的领地。因为这一命令，他未能到当地正式取回，随后病情转重，将写有此事大意的转让文契交给其兄便去世了。土地不久转到哥哥泰朝手中，但处置遭冻结的收获物仍是一个麻烦。这一点后文再述。

不管怎么样，即便是在遥远的九州，在法令还没有从幕府传达至此时（如果是和六波罗一样的七月二十三日的御教书，则七月内无论如何也抵达不了博多），《德政令》已经在当地产生现实效果了。

顺便一提，最早的反应当然出现在幕府脚下的关东地区。在三月六日立法后仅二十多天的四月一日，常陆国官衙就向总社[1]的神主发送下文[2]，以"关东御德政严密"为据，判决其可以取回已卖掉的田地和房产。假使这位神主向国衙申诉恢复旧领，到收到此份下文之间只花了十天，则扣掉这一时间之后，从《德政令》发布到其提诉仅仅隔了十四天。

关东发布《德政令》了！——从这些例子，我们可以充分推测，这一消息像是无视命令发布者镰仓幕府的预想、法令的实际内容一样，迅速传遍了全日本。再考虑到那是信息传递全靠人口口相传的时代，则这无疑是极其异常的速度。

---

1 合祭神社。为提高神事效率，国司有时会把一国大小神社供奉的神集中到一处神社祭祀。常陆的总社在今茨城县石冈市。

2 上位者对下位者发出的命令文书格式，其起始句中有"下"字，比如"右大将家政所下 左兵卫尉惟宗忠久"。

帷幕升起

《德政令》的新闻

在今天的日本，世人瞩目的立法事宜自国会审议法案开始就被媒体连日报道，法案表决通过的新闻立即被传遍全国。不过本书说的是中世的事情。幕府准备立什么法之类的信息几乎不会外传。就算发布了该法令，一般来说，几乎所有中世人一辈子也不会知道它存在的事实。正因如此，在永仁五年（1297）三月的这条法令上，法令与社会层面的反应极其异常。

那么，为何出现这样异常的事态呢？在立法者镰仓幕府这一侧，我们完全观察不到其采取了不同于平日的发布形态、特殊的传达手段等痕迹。因此，原因在法令的接受方社会这一侧。我只能认为，对关东的幕府近日要发布《德政令》的预测、期待已经遍及世间。稍微换个说法，德政很早之前就开始了。在这种环境下，"关东平均御事书"诞生的新闻才会以冲击性的速度传遍 13 世纪末的日本全境。

本书的主题是对这种社会环境的实情做若干阐明。所以，我想尽量以多样视角对其研究，不过当前我们先从前文作为关东地区《德政令》适用之滥觞的常陆国史料等着手，寻找一两条探寻此问题的线头。

潜在的法理

该判决的下达方是常陆国留守所，也就是国衙的法院，但东国的国衙与西国的不一样，实际上处于幕府的行政指挥之下。仅就这一点来看，它以作为幕府法律的《德政令》为依据下达判决不足为怪。但我们仔细阅读一下判决文，就会察觉到判决并不仅仅以幕府的《德政令》作为唯一的法律依据。

> 买主等虽申子细，质券卖买之地事，关东御德政严密之上，御祈祷之地，争可及非器之知行哉。就中府中田畠等者，国衙一元进止之条，关东度度御成败，留守所裁许，何可有豫仪哉。

> ［买主等虽已申述异议，但土地典卖等案，关东既然已严行德政，且此地是神社举行神事的经费来源，怎可由非神官之人领掌？尤其是幕府屡次有命，府中所在田地应由国衙单独管辖。留守所有权的判决又有何疑义？］

国衙留守所将总社神主卖掉的土地从申述不服的当前知行者（买主）处没收，并归还给卖主的法律依据有三点：

1. 关东御德政。

2. 此地是"祈祷之地"，也就是神官执行神事的收入来源地，非神官之人（非器）没有知行土地的资格。

3. 而且争议土地位于国府的府中，是国衙可以实行完全支配权的土地。

本来，与神无关系的俗人就不准知行奉献给神的神物；本来，与国衙无关的人就不能知行属于国衙之物的府中田地。这些不法行为都应该得到纠正。

我们如果省略细节，试着对法条进行抽象化理解，可知《德政令》中的那种法理已经存在，而从中显现出来的是关东德政。换句话说，这一史料揭示了《德政令》是使一直潜而未发的各种法理作为具有实效的法律而发挥活跃作用的诱因、契机。

法的命名

另一个不可忽视的事实是，这份可以说是在《德政令》颁布后立刻颁布的下文，将幕府的新法令称作"关东御德政"。说起来，前文提及的八月丰后国的案例中，该法令也同样被这么称呼（六月山城国的事例可能是后人写入的）。也就是说，永仁五年（1297）三月的新法，从诞生之初就被世间通称为"德政"。那么，谁是这个称呼的命名者呢？让我们看一下原法令。

当然，法令从头到尾都看不到这个人的名字。北条泰时苦恼如今所谓的《御成败式目》该叫作"式目"还是叫作"式条"的典故虽然有名，但那不过是简单选择一个普通名词。至于单个的追加法令，立法者自己都不给它命名是众所周知之事。

在今天，著名的法律会被冠以诸如《行管法》《参议院全国区法》等通称。不用说，这些称呼是媒体向社会普及的。

但这里我又要啰嗦一遍，我们谈论的是即便加急快马传书，京都、镰仓之间通信也要花费半个月的时代。在这样的时代，法令发布后不久，不管是关东的常陆国还是九州的丰后国都用同一通称来称呼它。只有一条途径才能解释这个在通常的幕府法令中不可想象的奇怪现象。那就是名为"德政"的大戏很早之前就已升起帷幕，如今终于现出与之相称的舞台。人们对即将上演的情节心怀各自的期待与不安。所以，他们才对登场的主角异口同声地称作"关东的御德政"。

因此，本书要一述德政这场剧目的主题与情节，不过在此之前想先来解释一下好不容易登场的这位演员的衣裳、台词，也就是关东御德政的法理内容。其实这是相当困难的事情。

读《永仁德政令》

可停止越诉事

让我们来看一看前章列举的 B-1 到 B-3 的条文（第 16 页）。第一条就是规定了停止越诉的条文。

"越诉"这个词有两种含义，一是江户时代民众越过代官[1]直接向藩主上诉的违法诉讼，二是不服原判的败诉人申请同级

---

1 "代官"在中世时是指本官的代理人，在江户时代则指统辖将军、藩主直辖地的地方官。

重审，或者是基于原判决的上级重审。在日本的古代、中世，这两种含义均被使用。既然一、二两种意思都可使用，则思考史料中到底是哪一含义就很有意思，不过在《德政令》中的"越诉"一词是第二种意思。

这一审判制度的改革与后面的两条，即《德政令》本体之间究竟有什么关系，为何会一起立法确定？这一谜底后文再来揭开。

质券卖买地事

接下来看第二条。这是这部鼎鼎有名的法令中最为知名的条文，从古至今，人们提到《永仁德政令》首先会想到这一条。这一条的要点有四：

1. 禁止抵押、买卖领地。

2. 在法令公布时点以前已卖出的领地应返还本主（卖主）。

3. 拥有幕府认可买卖契约的安堵状，及知行领地二十年者，不适用于第 2 点。无视这一例外规定而强行要求买方归还土地者将受处罚。

4. 购买领地者是"非御家人、凡下"（御家人以外的武士及庶民），即便已知行土地超过二十年，也必须返还原主。

要言之，此部分的核心是幕府全面禁止未来的土地买卖、抵押，同时规定卖主可以无偿取回安堵地、二十年知行年纪地以外的已售土地。前文已经提过，交出土地的一方是御家人或者"非御家人、凡下"，而取回土地的一方必须是御家人。接下来是第三条，法文的大意说：

> 因为人们只顾眼前地借钱负债，有钱人越来越富，穷人越来越穷。今后如果债权者为讨债而提出诉讼，幕府一概不予受理。即便债权者拥有承认债权的幕府安堵状也是一样。不过，以锅碗衣裳之类零碎物件抵押并借出钱款的小当铺不在法令管辖对象之内。

第三条必须注意的地方有两点。其一，如条文开头就写着"甲乙之辈要用之时"所明示，此条法令中的借款者反而是御家人之外的人（"甲乙人"的意思后文详述）。当然，它也不是将御家人排除在债务者之外，但其用意与前条那样写明"御家人等侘傺之基也"，并将卖主限定为御家人区别甚大。

其二，这条法令没有说"今后禁止金钱借贷""至此为止的借条统统作废，不还也行"之类。它说的是"今后即便上诉对方不还钱太没道理，幕府也不会管"。我译作"不会管"的原文是"非沙汰[1]之限"，此类表达在德政相关的幕府法律中频频出现。

---

1 "沙汰"本意为"从泥沙中淘金"，转而指辨别是非并正确处理，即"裁决""处理"等义。

不及沙汰

实际上，前条第一部分，也就是禁止买卖领地一节，用更简洁的另一种说法表达，就是另外一条法令中的"于向后，不及沙汰"。此外，后文要介绍的几条执行细则基本都使用了这一表达。也就是做了如下区分：

适用于德政的对象则"不及沙汰"。

从德政对象中除外者则"可有沙汰"。

简单地说，今后你典卖领地也好，借贷金钱也好，幕府不会专门为你处置违约者。不设处罚条款就是最好的证明。

这样一来，即便你说买到的领地在现实中不能知行、借出的钱要不回来，幕府的法庭也一概不理。读者大概会有疑问，用立法来规定这种事情会有多少实际效果。实际上我也不是很清楚。因为说到头，我们不知道中世的私人契约靠谁的力量、以何种方式来保证。

举个例子，众所周知，在中世的抵押文契上会写上一些担保言辞，比如抵押者不能履行契约时需偿还本金或者两倍本金、与第三者之间发生官司时抵押者要出庭了结官司、被起诉时不得抗辩等。而调查可知，这些约定绝非空头支票。不过，今天的研究并不知道这些约定没被兑现时该怎么办。有一点是非常确定的，尽管它在当时是极其当然的事情：对于中世的人们来说，如果借出去的钱要不回来，就必须靠自己的力量把它讨回来。中世的人们受这条自力救济原则强烈支配。更直白地说，"不及沙汰""非沙汰之限"之类的语句不限于德政法令，在中世法律的世界里随处露面。每当看到这些文字，笔者就头皮发麻，禁不住有负疚之感。

未付款项的处理

这点暂且不论，网罗以上内容而发布的《德政令》，实际实施后暴露出了各种各样的缺点、疑义，使幕府不得不以立法的形式处理其中几个问题。

比如，前面提到的水田"立毛"（收割前的水稻）的归属问题，对于自北向南所有成为《德政令》适用对象的田地来说，都是难以避免的纠纷火种。因此，幕府规定当秋的收获全归此前知行土地的买主所有。恐怕幕府不这么做的话，我们可以充分预料到，买主（他们自身当然不是耕作者）会立即放弃对田地的经营，而且会做出割青苗等行为。

另外，下述情况也很多：田地已买卖，但全部对价或部分对价尚未支付。比如土地卖价五贯，有三贯尚未支付，这时幕府发布了《德政令》，田地返还给卖主。从卖主的立场来看，剩下的三贯未付款与收回土地一事无关，因此他依据原来的买卖文契，要求买主继续付款。而站在买主的立场来想，存在未付款实属幸运，继续支付已归还田地的未付款毫无道理可言。

关于这个问题，幕府想出了下述这种权益之计，明显可见苦心思索的痕迹。从买主来看，未付款是对卖主的一种借款、债务。这样的话，它当然也适用于《德政令》，债权人也即卖主的债权就不受保护了。通过发现这一推论，幕府总算驳回了卖主一方可谓得寸进尺的诉求。

当然，同样是未付款，一般的动产买卖不适用于德政，米店、酒家的赊账是不能勾销的。

人质文契

另外，那时也出现了现代人看起来更加严重的问题。在抵押田地来借钱的情况下，抵押地因为德政而回到抵押人手中。如果抵押物件不是田地而是人的时候，该怎么办呢？我们当然要想到，永仁五年（1297）这一年正是中世的时代。

用人做抵押或质押来借钱，在这个时代是司空见惯的事。这一行为不仅在现实中出现，在法律上"人质"也与"贩卖人口"不一样，本身并不被禁止。《德政令》发布约四十年前，肥前松浦党的武士源渟抵押二十岁、十九岁两名女佣以借款七贯的文契，被网野善彦氏作为论述"人手钱"的史料。一般庶民抵押自家孩子去借钱的惨事，在饥馑等时期也不算罕见。

对于这些人质，幕府规定如下处理：

如果只是拿人做抵，那该人须还给债务人；如果是"人质"，即允许债权人将其作为"质押物"而使唤，则根据借贷文书的文契内容判断。

人质文契的具体内容多种多样，比如前述源淳的案例就这样写道：

如果人质生病，债务人要以新的人质顶替病人；如果人质逃亡，债务人就要逃一抵二，派来两倍数的新人质；如果债务人不能履行此项条款，债权人有权支配债务人一处领地两年；等等。债权人以七贯钱的对价让债务人承担的条件实在苛酷。如果是这种契约，我们虽不知幕府会如何处理人质，但可以想见，债务人享受到德政恩惠的可能性不大。

今更不及改变

胡来的法令

此外还有几条细则，不过除《废止越诉令》以外，《永仁德政令》的主要内容就大体如上。不知道阅读至此的读者是否全部这么想，但至少有很多人会发出如下感想吧：

御家人典卖的领地，不花一分钱就拿回来，欠债不还也无所谓。不管是粗浅一看还是仔细寻思，镰仓幕府是不是那种能够实行如此胡来法令的强横政权？假定它是的话，那幕府在强制实施时的法律考虑是不是过少了？

如前所述，法令中的惩罚条款只是针对强迫安堵地、二十年知行年纪地这些例外之地适用德政的"滥妨"之人论以"罪科"，对于关键的不服从《德政令》之人则无任何处罚条款。即便从幕府法律的通例来看，这也是很特殊的。

但是，我们这些人的顾忌实际上是杞人忧天。围绕《德政令》的纷争确实不少，也发生了立法者未预料的争端。不过这些争端终究是以实施《德政令》为前提的，几乎都是所涉领地能否算作"质券卖买地"这种层次的争议。德政这出戏剧绝对没有把中世人这些观众吓倒的那种异想天开的情节。

虚构的废止令

诸位读者从小学到高中、到大学，也学过几次日本史吧。你们记不记得在教科书上读过，或是老师上课时教过这样的内容：

> 为了救济御家人的经济贫困，永仁五年，幕府发布《德政令》，但效果不彰，在第二年的永仁六年就将其废止。

查阅手头的年表，在永仁六年二月也有这类表述：

> 幕府中止实施《德政令》。

宣称"废除""中止"这种表述是百分之百的谬误，多少让人有些顾忌，但它们确实是非常不正确的表达。在解释了德政令的内容之后，这里顺便也提一下所谓"废止"令的内容。

在这之前列举的数条内容中，都稀松平常地只强调"无偿取回永仁五年以前已卖出的土地"，那肯定没有错。但如果是这样，则并没有《永仁德政令》在永仁六年二月被"废除"的事实，其"实施"也不曾被"中止"。

永仁六年二月二十八日的法令内容文如下：

> 质券卖买地事
>
> 或成给御下文并下知状，或过知行年纪之地外，不论公私领，可返付本主之由，被下制符毕。今更不及改变，但自今以后者，不能禁遏，任前前成败之旨，可有沙汰。
>
> ［此前已经颁布了一系列法令，规定无论公私领地，除买主拥有幕府安堵状以及知行二十年之外的土地，买得土地应归还给原主。事到如今已不能更改，但从今以后，无法禁止土地典卖，应按照更早之法令办理有关案件。］

这条基本没有什么误解余地的法文，被某人误读作"废除""中止"德政之意，至少在部分历史教育中继续以讹传讹。探究这种学问上的误传途径虽非毫无意义，但在此就不深究了。

此时解除"禁遏"（禁止）的条款，是前文逐条分解说明的《永仁五年令》中的禁止抵押、买卖领地条款，至于法令的主体也即无偿取回条款，则并未被"改变"。

《永仁六年令》的主旨

为避免一一解释之烦，此处不就《六年令》的细节进行解释。为应对御家人领地因出售、抵押、捐献及分割继承等造成的失散局面，幕府自制定《御成败式目》以来，实际上从各种方面强化或放松管制，有时也会发布严厉的惩罚条款。《五年令》中的禁止抵押、买卖领地的规定自然也在此逻辑之中，具有从领地层面强化对御家人管制的一面。但不管怎么说，要把立法时点以前已卖出的土地白白还给卖主，又不暂且禁止土地买卖，则在法理逻辑上是没法说通的。《五年令》第一部分没有惩罚条款应该就是基于这一点。

要言之，《六年令》不过是恢复土地买卖行为的合法性，完全不是因为"失败"而"废止"《德政令》之类。时间过了约一年，作为一种冷却期间，如今发布可能正好足够。

举一个"废止"的案例吧。萨摩国的武士 A（这里的专有名词与表达意思没有关系，因此用符号代替）把祖上相传的领地卖给了同国御家人 B，B 又把这块土地转卖给了 C。这时幕府发布了《德政令》，A 根据"关东御德政之明文"，从 C 那里拿回了土地（敬请注意，本主不是 B 而是 A）。在 A 经营取回土地时，第二年《永仁六年二月令》发布。于是 A 心想解除土地买卖禁令的法令既已下达，便在第三年把这块土地直接卖给了 C。如果站在 C 的立场看，A → B → C → A → C 的土地流动的最终结果，是对于同一领地，C 之前先从 B 那

里购买，现在又从 A 这里再次购买。极其单纯地考虑，则 A
大赚、C 大亏、B 不赚不赔。不过三次买卖的具体情况不明，
我们并不清楚个中微曲。[1]

这且不管，仅看这份史料，就可明确《永仁六年令》恢复
了领地买卖行为的合法性，并且理所当然地在社会上产生了
效果吧。

1　此处案例以都城岛津家（北乡氏）文书所收录《正安二年（1300）六月十五日藤原
家泰田畠荒野卖券》这一土地转卖凭据为史料依据，被转卖的土地在萨摩国出水郡
山门院内针原村，A 为藤原家泰，B 为时吉太郎通泰（萨摩国御家人），C 名本田左
卫门尉。

第三章

为何是德政？

《德政令》的评价

匪夷所思之法

卖掉土地拿了钱，还能白白取回来。中世再怎么是"蛮荒未开"的社会，这样胡来的事情也能被接受吗？即便强制推行，从社会正义以及经济交易的规则上看，它都必然失败。正因如此，"形势紧逼"下的镰仓幕府"强制推行"的《永仁德政令》仅一年就告以"失败"，结果御家人越发"窘迫"了。

迄今为止，许多教科书、历史书都是这么写的，由现代人之常识所描绘出的德政面貌如上段那样也并不奇怪了。不要说现代人，成书于天文年间（1532—1555）这一中世末期但毕竟也是中世的随笔《尘塚物语》，就用以下字句痛骂德政：

中古之时，幕府制定"天下之德政"的匪夷所思之法，借此任性而为。寻德政之起源，乃为筹措军费而想从商人手艺人处抢夺金银或借而不还，然此太不体面，所想办法就是德政。据此恶法，借出财物是债主之损，借入财物是债人之得。此亦称作"一国平均之德政"，自神代以来未闻有如此无理之法。

当然，该书主要以作者切身体验的室町时代的德政为对象。有一段单口相声（落語）的开场桥段说，旅馆老板听闻近来要有德政，向住客随意借东西想乘机赖掉，技高一筹的住客则说，那么我借宿一晚的房间也就不退了，使其大为狼狈。上述德政观和这个段子里的一样，而把德政看作日本政治史之污点的观点，无疑从中世时代就开始出现了。

明治时代的德政论

明治时代以后的现代历史学之德政观，大体也处在这一脉络之上。例如明治二十四年（1891），横井时冬氏发表了关于德政的第一篇学术论文《德政考》（《史学会杂志》第14号），也认为"胡来的德政"起源于"永仁五年一天下之德政"。

而且连在日本法制史研究上留下巨大足迹，关于德政也著有卓越论文的中田薰氏，也只是将德政视作"从镰仓时代后半期到室町时代后半期，时常扰乱我国经济界，且阻碍当时法制健全发展"之法令。要言之，即便是在现代历史学的论述中，德政也不过是"不健全""不自然"且"不道德"之政策。

从善政到恶政

但是，这种德政论总有一点让人困惑，那就是这种坏印象与"德政"这个美名之间的矛盾。无须查字典。德政就是"有仁德的政治"，遵此原意的用法自古以来就极其普遍，在中世也是一样的。

那么，我们该怎么解释"恶政"被称作"德政"呢？一种比较简单的解释是，虽然它最初是德政，但不知何时就变成了恶政。

> 德政之名一般作仁政、善政。当中古王政之世，天变地妖始，有异常之事，则蠲租缓刑，施仁布德而特用此名。镰仓幕府之初，所行尚不异于中古之政，至其中叶以降，大反往时，以不偿债主负债、质物及买卖地还于本主为德政。

这是明治末年编纂的官修百科全书《古事类苑》中的解释。其末尾是概略叙述到江户时代《弃捐令》[1]为止的德政历史名文，

---

1 松平定信在宽政改革中为救济贫穷旗本而发布的债务废除令。

此处甚至想介绍其全文。仅用"大反往时"来解决矛盾并没有说服力，因为"同于往时"的德政词义也一直用到很后的时代。

救济贫民

另外一种解释是像三浦周行氏的观点那样，将中国、日本古代王朝为救济贫民而施行的废除债务视作镰仓时代以后德政的源流。三浦以《德政的研究》（《国民经济杂志》第 18 卷第 6 号至第 23 卷第 3 号，全 9 期，1915 年 6 月—1917 年 6 月；后收录于氏著《法制史之研究》，岩波书店，1919），在德政研究史上留下了不灭业绩。确实，按照这一逻辑，抹消贫民债务的仁政，与让失去领地的御家人免费收回土地的德政就关联了起来。

但是不管怎么说，此番获利者是幕府的御家人。虽然沿用已久的教科书式解释说，"元寇"以后，御家人在经济上彻底陷于贫困境地，这也成为镰仓幕府最终灭亡的原因。但这看起来只是因为不清楚幕府灭亡的真实原因，没有办法才编出来的空口说辞而已。御家人至少是社会的强势者，颁行一部使他们得益的法令就让人回忆起古代的仁政，让四海之内的人们把它当德政来迎接，怎么想都有点奇怪。

物归原主

从"德政"这一名称来看，将永仁五年的新法视作"强行施行并立即失败"之恶政，就有上述难以理解之处。

为什么把卖掉的东西免费取回就是"德政"？从现代人的常识来看，至少从被迫返还的一方来看，这绝对算不上"德政"。但要看懂它，我们就必须舍弃这一常识。

因为《永仁德政令》，御家人 A 出售的领地回到了 A 的手里。从现代的物权观念来看，最重要的是 A 这一专有名词。但是，我们去掉 A 这个名字会怎么样呢？它就变成了御家人卖掉的领地回到了御家人手里。更单纯地说，这不过是一种"物归原主"的现象而已。并且，如果这种使事物回归原貌（复古）的政治正是德政之本质，则德政这个词语与永仁五年的《德政令》之间的不协调感就基本消失了吧。

德政之起源

撤销交易的习俗

站在这样的观点上，就有一种德政论必须要介绍了。那是距今半个世纪以前，折口信夫氏在昭和四年（1929）发表的一番见解。此年八月，他在长野县人会上以《古代人思考的基础》为题发表了一场讲演，讲稿后来发表在《民俗学》杂志上，此处就从这篇论文中引用如下部分：

此后日本国对年岁的观点就纷纭不一了。那是历法几经更改之故。天皇虽有太阳历（日置暦），但那之后也屡屡变化。

我们想见一下往昔的历，天皇登到高处，咏唱祝词后就到了春天。人们觉得不是到了初春时分天皇颁赐祝词，而是天皇颁赐了祝词，春天就到了。

若改通商法，变更交易方，才能如此做，赐返我衣裳。[1]

（商返しろすと、みのりあらばこそ。わが下衣かへしたばらめ。《万叶集》卷16）

这首和歌的意思是说：真对不起，如果天皇颁赐认可撤销交易（商返）的祝词，你便能送还我的内衣。既然不存在商返的祝词，就没送还内衣的道理。

撤销交易在日本历史上长期湮没无闻。但以其在历史上不显而认为这一事实不存在，就过于轻率了。室町时代以后，被称作"德政"的破天荒之事突然出现在史料上。这种此前虽不曾出现在记录、历史之中，但在民间长期通行的习俗，由于时代变迁，民众力量增强而浮现到历史表面。

撤销交易是为了整顿社会经济状态，或是某种商业

---

[1] 译文据杨烈译本。原诗注云："时有所幸娘子也，宠薄之后，还赐寄物。于是娘子怨恨，聊作斯歌献上。"此处"商"字读作"あき"，与"秋"字相通，也指季节回到秋天。

政策上的消极商业行为，它使某个期限内买卖的物品各归原主，或勾销契约，可视作一种德政。这正与夫妇之间因变心而取回交换过的纪念品等情况类似，所以这首和歌用此寄寓了一种讽刺的情感。

构成这种习俗根源的信仰，是认为天皇持有一年的历法，能每年使所有事物还原、复活。这一信仰虽然持续，但事实上，人们不会不老不死。在此人们就能够感觉到信仰与现实之间的矛盾。即便如此，据说在地方，人们苦于买卖借贷而忍无可忍时，还是十年或二十年遵行一次这种习俗，直至最近。他们调换土地，用班田法一样的办法进行分配。这种习俗在江户时代末年还存在，明治时期以后就断绝了。不清楚这种习俗在万叶时代是事实还是一种传说，但说到撤销交易，大家都明白其意思。男女定情，就会交换贴身衣裳穿。衣裳是灵魂附着之处，交换贴身衣裳而穿，就是交换一半灵魂。因为是把魂附在衣裳上交给对方，返还衣裳就是断绝关系。这里所引的和歌，轻松俏皮，半带嫉妒，半带取笑，是首诙谐而不足道的和歌。但是即便只是读到这首歌，亦可知道德政起源之古。

（《折口信夫全集》第三卷，中央公论社，1955 年；后收入氏著《古代研究》第四卷，角川书店，角川索菲亚文库，2017）

在地德政

差不多是十年前，我漫无目的地选读折口氏的全集时撞见了这篇文章，受到不小的冲击。最早浮现的念头是，如此富有启发性的文章为何迄今为止都没有在历史学领域成为话题。我甚至记得当时怀疑只是自己孤陋寡闻，为此还向两位在历史、民俗两个领域都很博识的老师确认。

再往前两三年，确切地说是昭和四十三年（1968），《史学杂志》（第 77 编第 9 号）刊登了濑田胜哉氏的论文《中世末期的在地德政》（后收录于永原庆二编《战国大名论集》第一卷《战国大名的研究》，吉川弘文馆，1983）。濑田氏在这篇论文中，论证了中世末期，在北伊势一个叫小倭乡的山间地区，名为"小倭一揆"的地方武士联合体实施了局部德政，并将此现象命名为"在地德政"。他推论在这一时期的中世人的脑海中，德政不是指"天下一同之德政"，而是身边的在地德政，而且在地德政绝非特殊现象。

当时的学界提到德政就只想到"天下一同之德政"，即以公权力为发布主体的德政，因此惊讶于这一论文所论及的新颖对象。当然，我也是其中之一。老实说，我依然觉得"在地德政"具备特殊的例外性，至少是先有"天下一同之德政"，其波及地方后才产生了"在地德政"。对于这一观点，我未曾置疑。

但是折口氏的观点完全相反。他自天皇拥有一年为期的历法，每年让一切还原、复活的信仰出发，认为德政除了偶然

"因民众力量增强而浮现到历史表面"以外，还"虽不曾出现在记录、历史之中，但在民间长期通行"。这一传统持续到明治时代才断绝。在折口氏的脑海里"浮现到历史表面"的德政大概只是室町时代的德政，但这一点无关宏旨。他指出德政在"民间"不是什么"破天荒之事"，而是长久通行的习俗，正因为有这样的"在地德政"，"天下一同之德政"才可能发生。这应是迫使我们对常识性德政相貌进行根本修正的论述。

回归现象

但是，约半个世纪以来，折口氏的这一学说完全没有人回应。原因多种多样：首先，从二战前到战后的某一时期，历史学者不关心或者有意忽视民俗学是普遍状况；其次，仅就这个问题来说，折口氏虽然指出德政"在民间长期通行"，但没有提出任何证据。与濑田氏的论文立即给学界很大冲击的情况相反，从文献史学来看，在文书、记录上没有留下丝毫痕迹的德政等或许都不构成研究对象；更根本的理由是，历史学方面还没有打好能够立刻回应折口学说的学问基础，无论是批判它还是接受它。

物权的移动，例如买卖、转让等行为自然从战前就受到学界强烈关注，就其法理特征、社会经济史意义的研究虽不能说充分，但也取得了相当多的成果。与之相反，在物品的"回归""复归""复活"方面，历史学基本上可以说是毫无关心。

甚至不将其当作问题。

　　物品从 A 移动到 B。经过数年或是数十年，又从 B 回到 A。不论是在中世还是现代，这样的事情本身并不稀奇。A 把某物卖给 B，不久 B 又回卖给了 A。A 的土地因为赎回期已过而落入 B 手，但几年后 B 又把它赠与了 A。买卖、抵押、赠送……不管怎么来来去去，它们都是依靠通行的同一法律手段确保的移动。现代社会当然只有这一途径，没必要将"回归"现象的法理特征单独当作问题。也许可以说，只要停留在这样的现代常识上，德政这类极端、大规模的"回归"现象就只能被理所当然地视作无视经济基本法则、立刻就会归于失败的恣意妄行。

第四章

天下的大法

佛物、僧物、人物

我辈间之大法

日本的中世从什么时候开始，又截止于何时呢？我不懂得这些麻烦的讨论，对此也没兴趣。总之在持续了近五百年的中世社会中，大量中世法令诞生，随后消逝。其中既有只在某处村落通行的规章，也有《永仁德政令》这样全国知名的法令；既有好不容易作为幕府、朝廷的成文法而问世，但没发挥什么效用就结束生命的法令，也有不知诞生于何时何处、不知谁给取名，但生命力却贯穿了漫长中世时代的法律。

属于最后这一类的法律，往往被称作"大法"。借用中田薰氏的珠玉短论《大法》的一节：

但大法未必尽指权力者或统治者所立之法，或政府认可的成文或不成文之法。凡共同营生之人群间，必会自然产生他们依据的不成文法。此等特别社会的习惯法，和天下公法一样，亦不外乎大法。乞引成书于室町时代之谣曲《自然居士》[1]一节以闻：

东山云居寺的侍童（喝食）自然居士在十七日的讲经法会中，欲自人贩子那里以"卖身钱"换来的"窄袖和服"赎回可怜的少女，并登上了人贩子的船。

主角（シテ）："将人交与小可，用此小袖作赎价，也不亏欠了贵处。"

配角（ワキ）："俺虽欲得此小袖，然莫要作闲话说。"

主角："是何缘故？"

配角："若作此等说，须知我辈间常凭一桩大法，乃是无论事由如何，该当人身一经买断，便无复还之理。故不能将人轻与了你。"

主角："贵处缘故，小可已十分理会。然我辈间亦凭着一桩大法，路上但逢有徒自轻生之辈，若不救下，便回不得庵室。贵处的大法破不得，敝处的大法也破不得。你把人带去陆奥国尽头也

---

1 这部能剧的大概剧情是，自然居士讲经时，一位少女用卖身换来的钱财购买了贵重衣服，将其布施给自然居士以供养亡亲。后者发觉后前去营救她，经历种种艰辛后最终将其解放出来。

罢，小可决不肯下船作休。"

人贩子间有大法，讲经师间当然亦有大法。自然居士虽以信念之力解决了这两大法之冲突，但终须等"天下大法"之裁决。

（《法制史论集》第三卷《债权法及杂著》下，岩波书店，1971 年）

悔返

对于人贩子来说，不管"天下大法"做何规定，首先必须遵循的无疑是"我辈间之大法"，但此法管制不了其他社会集团。对此，也有对利害各异的诸多社会集团都有限制，至少在法理的存在与有效性方面基本无人质疑的大法傲居中世时代。其中之一是："佛陀不归人，大法历然。"

当然，这条大法也没有正式的名称或表述方式，因时地不同而有各种表达，世间更通行的说法是"寄进佛陀之地不可悔返"。"佛陀"是梵语 buddha 的音译，要言之就是佛。"悔返"这个中世词语指的是转让者、赠与者收回所转让、赠送之物的行为。所以，这条大法的内容很简单明确：

一旦归佛所有的事物，不能再度归人所有。

一度捐献给寺院的财产，不能由捐献者以及其子孙，乃至继承其若干权利的第三者取回。

　　中世末期成书的辞典《运步色叶集》中，与"温故知新"等词并排记录着"佛陀不叛人"，由此可知这条"佛陀法"（本书如此略称）已近似于世间皆知的格言。

互用三宝物

　　不过，没有人知道如此普及的大法究竟于何时何地产生。不仅是今天的我们不知道，在中世当时也几乎没人知道其确切由来。但是，如果没有人频频主张其法理，没有什么力量迫使社会接受它，佛陀法也不可能成为大法。这里的"人"和"力量"，其实与德政关系匪浅。下面就暂时来追溯这一法理诞生的过程。

　　佛陀法要成立，就必须有"佛物""人物"的区分以及物品的分类。将这种区分在社会上固定下来的，是比佛陀法远为古老的"互用三宝物之罪"这个也可称作大法的法律。三宝物即佛物、法物、僧物，也就是所谓的佛法僧三物。"互用"是无视三者区别而将之挪作他用，也常写作"误用""虚用"乃至"自用""私用"。不过，佛当然不会抢夺僧物和法物（法会中使用的道具等），所以这条法令的内容主要是告诫僧人不得"自用""盗用"佛物、法物。它原来产生于佛教经典，是佛教集团的内部法规，但长期具有实际效力，就像下面这则载于《今昔物语》的故事里所看到的那样。

私用佛物之罪

大和国大安寺住持（别当）的女儿生得"姿容美丽身材婀娜"，有位男子与其日夜幽会。某天白昼，男子在姑娘家打盹，梦见不仅是他那和尚岳父、尼姑岳母，连身旁添寝的姑娘都被迫喝下煮沸的"铜汤"，姑娘眼睛、耳朵、鼻子里都喷出烟火，他惊惧交加，吓得醒来，刚好饭食已准备好。这饮食正是佛物：

> 这人既是庙中的别当，难免任意动用庙中财物，如今吃的东西也必是庙里的。怪不得我做了这样的梦。

这位男子深感岳父一家私用佛物罪孽深重，对姑娘也情淡意疏，不再"欺用佛物"地过日子了。

另外还有某寺的僧官，一味怠慢佛事，整日召舞妓游女作乐，以饮酒肉食为事。"恣意欺用寺物，连梦里也不曾发半点怖畏之心。"结果这位僧官吃剩的冷面，不知何时变成了小蛇的模样。即便是盗用了一丁点冷面，只要是佛物就是重罪，更不要说动用举办法会的白米等。"然私用佛物乃无量重罪也。"

这样，本是教团内部的私用佛物之罪的"互用三宝物之罪"，不久变成外部也适用的规范。教团内部佛物、僧物间的紧张关系得到缓和（实际上都成了僧物），与之相反，这一规范成了向外防卫佛物不被侵用，或者积极向外侵略的法理，开始威慑俗人了。

婆罗夷罪

平安时代初期，某寺的财产清单上写着"互用之罪已如此，况于盗用者耶"，称俗人盗用三宝物等于杀死八万四千人的父母，是仅有的做任何事情都无法救赎的罪行。

虽然也有偷窃主佛像、偷摸僧人袈裟等的俗世恶人，但当时寺院最反感的"盗用三宝物"是借用寺院财物后赖账不还。因为很多寺院这时也是向世俗之人放贷的金融业者。《今昔物语》就讲了一个故事，说一位可怜男子借了寺院两斗酒未还，去世后因盗用佛物之罪而转世为牛，受寺院驱使干活。该书编者照例加以说教："借了他人之物必须偿还，况是佛物，岂不是更可怕？所以来世这样变成畜生来偿还。"

惧怕此法的不仅仅是未还酒钱的庶民。文永五年（1268），正是北条氏权势将要到达巅峰的年份。这一年，北条氏领内的骏河国实相寺僧众提交的诉状保存了下来。诉状模仿《御成败式目》，备齐五十一条，内容很有意思。其中一条批评北条氏声称修缮堂舍而拿走寺田上交的祈祷费用，内容如下：

> 佛物私用之过，婆罗夷罪之基也，而外号为堂舍，内被召镰仓之条，不法至，申而有余。
>
> ［私自挪用佛物的罪过乃是婆罗夷罪（戒律里最重之罪）的根源。而且你们对外声称要修理堂舍，实际却收进自己镰仓的府库，无法无天到了语言不能形容。］

可以说，"私用佛物之罪"是当时日本最大的豪门北条得宗家也惧怕的污名。

物之分别

这种每逢机会就由圣界向俗界反复强调的，将佛物从人物中割离并谋求其在所有权方面神圣化的主张，逐渐渗透到了世俗法律之中。就在实相寺僧众责难北条氏犯婆罗夷罪的同一时期，后嵯峨上皇下达院宣 [1]，命令复兴某座已经化为废弃空地、被世俗势力所侵蚀的寺院，其中称：

> 以佛地物为他用，戒律之所禁、格条之所诫也。

由此可见，佛物他用之禁不仅是宗教上的"戒律"，也是国法上的"格条"，并且已经作为普遍的社会性规范即大法确立了下来。

A 氏的所有物、B 氏的所有物，这些附加专有名词 A 氏、B 氏以区分物品的方式，无论是在中世还是在现代都没有太大变化。此外，我们日常经常会碰到所谓"公共物品""私人物品"的区别。虽然中世时期与"私人"相对的是好几个"公共"，因此二者的区别有着现代社会无法比拟的复杂与微妙性，

1　院司受上皇、法皇的命令发行的命令文书，末尾会有"院宣如此"等落款文句。

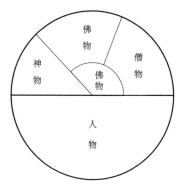

但大的区别还是存在的。然而，现在的问题是现代社会中没有相似经验的"物之分别"。以图表表达，则如上图所示。

本来作为僧侣戒律而立于佛物、僧物之间的围墙不知不觉被拆掉，但它们与人物之间却筑起了厚厚的围墙。神物（神社所有）与它们一起作为佛神物，与人物相对，但有时候也与佛物尖锐对立。这种"去掉专有名词"的物之分别不仅有佛、神、人三分，比如在人物中，也会产生"御家人之物"等分类。

佛陀不归人

佛陀法与神明法

让我们回到本章主题的大法"佛陀不归人"。根据上文的说明，这条法理内容换一种说法就是"人物一旦变成佛物，就不能回归人物"。也就是说，此法若原封不动地发挥效力，则在人物与佛物的边界处，只有从人物前往佛物的道路，而从佛物返回人物的道路被关闭了。根据同样的"寄付神明之物，不可悔返"的大法，从神物到人物的归路也被切断了。

下面介绍一个佛陀法与神明法这两条同源法理在同一擂台上相争的珍稀案例。时为弘安三年、四年（1280—1281）之交，舞台是当时的藤原氏族长（藤氏长者）鹰司兼平的法庭，纠纷两方是河内金刚寺和大和春日神社[1]。双方的主张纠缠不清，概括而言则如下述。

物之分界

镰仓时代初期的建保二年（1214），大中臣助纲将他在和泉国大鸟郡累代相传的私领捐献给金刚寺（人物→佛物）。十年后，金刚寺获得朝廷宣旨[2]，完成了立券庄号[3]的手续。不过，或许是因为这块地本是和泉国国衙的领地，由于国衙的干涉，这处寺领的庄园资格被取消了（佛物→人物）。

到了此时，捐赠者这边是大中臣助纲的儿子大中臣助盛。他骗取了父亲捐赠土地时交给金刚寺的本公验（土地所有的根本文契），将该地重新捐给春日神社作为其社领土地（人物→神物）。

1　奈良的春日大社是藤原氏的氏社，所以金刚寺向管辖方藤原氏起诉。
2　太政官的辩官或外记奉上卿之意向当事人传达命令的文书。
3　承认庄园的不输租特权，许可立庄。地方官员会将庄园的边境和田地面积注册备案（立券），并在庄园的四至立上标志物，谓之立券庄号。

之后，金刚寺与春日神社纷争不绝，了结此事的官司以三问三答的方式进行。因此，最早的受赠方金刚寺陈述说："一度被捐献给三宝的佛物不能反悔收回。"接受第二次捐赠的春日神社则反驳道："向神明捐赠神物的行为，没有法文认可其撤销。"

金刚寺乘势而上，主张"神物都不返，更别说佛物了"，春日神社方也不相让："世间通例是，捐赠成为社领的土地即便该捐赠毫无依据也不可取消，更别说此次是有依据的捐赠。"

鹰司家的判决是个折中方案，在承认金刚寺领有的同时，也认可春日社享有一定的土地收益。不过结果是什么无所谓，诸位只要认识到在中世时代，除了僧人 X 之物、神官 Y 之物、武士 Z 之物这类物之分别以外，还存在佛物、神物、人物这种物之分界，且这种界限与同属人物的 Z 和 Z′ 之间的区别是不同的。

从佛神物到人物

中世的人们为了自己的"临终正念极乐往生"或"现世安稳"，或者为了祖先、父母的"后生菩提"，将几十公顷的庄园或两三亩的旱地水田捐赠给神佛。通过捐赠，人物变成了佛神物。并且，为了关闭重归人物的道路，寺院神社一方反复主张佛陀法、神明法，产生了相当大的实效。

尽管如此，还是有许多佛物、神物回归到人物。具体事物的回归道路当然千差万别，但也有主要途径。

其中之一就是"检断的原则"。

> 举凡六十余州内，何处非神社佛寺所领？然有地头，
> 有守护，此皆谋反人之迹也。

镰仓时代后期，东大寺领某庄园的地头代[1]说的这句话，一针见血地指出这一原则的存在。尽管日本全境原本都是佛神物，但事实上，因为幕府任命的守护、地头，它们大多变成了人物，因为那些土地作为"谋反人之迹"而被没收了。

日本中世存在一条大原则，即"犯人、谋反者的财产，归行使军事警察力量并将其捉拿正法者"。比如说，平家灭亡后被没收的领地就被赐给了源赖朝，因盗窃而被逮捕的百姓的家财自然也会被地头没收。军事警察力量一般都被武士掌控，所以这条原则几乎一直有利于武士，不利于寺社贵族，并由此显著推动了中世的历史。就像前述那位地头代所述，确实有许多佛物、神物因为没收而回归为人物。

另一条更为恒常的回归途径，是自佛物变成僧物，然后再变成人物。

特意作为佛物捐赠给寺院的土地、财产，经由那些不怕互

---

1 一名御家分分散拥有多处所领的地头职时，代替地头本人管理外地所领的代官。

用罪之人而不知不觉变成僧物。面对俗世时，僧人主张僧物
是享有特权的"三宝物"，但它实质上是僧人的私产，自然可
以通过买卖、转让而名副其实地回归为人物。神物也完全相同。

捐赠者的担忧

那么，捐赠者不知道自己作为佛物而捐献的"诵经料""灯
油料"，很可能会变成未发挥效用的人物吗？当然不是。幕府
成立没多久，在治承寿永之战中立下功劳的熊野别当湛增，
就想要将十五匹绫附在为关东祈祷的卷数 [1] 后呈赠给源赖朝。
赖朝不肯受，这般回答说：

> 向神社佛寺寄进庄园，是向佛神本身的敬献，而不
> 是给予寺院的别当、神社的神主恩惠。施于别当、神主
> 之物，则是我自己真实无虚的诚意。无论如何，我没有
> 理由收下你回报的礼物。

不管此事真伪如何，这则史料说明了在人们意识里，"奉
神供佛"的行为与"布施别当神主"的行为是明显不同的。

另外，中田薰氏在论文《本尊的权利能力》（《法制史论集》
第三卷《债权法及杂著》下）中介绍了这样的事实：在一些

---

[1] 僧人应施主之请诵读经文时，将经题以及次数记录下来并呈给施主的回报文书。

捐赠文书中，捐献对象非"某寺""某院"，而是明确的"当寺本尊""当寺观音"。这也是同样的证据。中田氏认为这是寺院取得独立人格之前的"朴素观念"的残留，但实际上它是捐献者明确将捐赠物指定为佛物的意志表现。

男子盛顺在建长六年（1254）将一亩半田地捐给东大寺，指定用作寺内大佛卢舍那佛的佛前长明灯的灯油费。在捐赠文书中，他如下写道：

> 我为了得到临终正念、往生极乐而捐赠此田。我知道应该将证明此田确系我所有的文契（本券）一同捐献给寺院，但如果这样，不久本券恐怕就挪作"人用"。因此特将本券烧毁。如今既无本券，即便世间变幻，沧海桑田，这块田地作为灯油田之用途亦不会改变。

捐赠者担忧的文契"人用"是什么呢？使用捐赠而来的文契出售、典卖该地的人，只有东大寺的僧人。烧掉文契，则出售或抵押这块地就变得极其困难。因此捐赠之田就能够一直作为灯油田了。希望通过捐赠行为把人物转为佛物的捐赠人盛顺，为了防止该物之后变成僧物、人物而烧毁文契，实在是具有中世智慧。

寄进之物不可悔返

回避德政

捐赠土地之类的事情我听得不多，但即便是现在，有事的时侯也有檀家向寺里捐献净财。对寺里说我捐出的钱以后要还给我之类的已经贻笑于人，至于讨要父辈、祖父辈捐出的财物，则会让人怀疑精神是否正常。从这种常识来看，专门写下"不可悔返"之类的话大概还是因为有某种必要。

京都市紫野大德寺的古文书中，有两份《徒然草》作者吉田兼好的亲笔文书，颇为有名。两份文书的日期皆为元亨二年（1322）四月二十七日，其中一份卖契是兼好"依有要用"（需要钱），以三十贯的对价将山科小野庄内的一公顷田地卖给大德寺的塔头柳殿。另外一份文书则是捐赠文契，称自己因有"皈依当寺"的诚心，把同一块地捐赠给柳殿，这当然是无偿的。

为什么手续会这么麻烦？我们从卖契中写有"虽公家武家之御德政，此地不可悔返"一句话就可以知道，这是回避德政的手段。契约的实质是以三十贯的价格卖掉领地，但是万一来了德政，具体而言就是卖主兼好以德政令为依据，要求买主返还这块田地甚至提起诉讼时，买主柳殿就可以出示这份捐赠文契，称这件事与德政毫无干系，为此他才让兼好写了两份文契。换句话说，事实是 100% 的买卖，0% 的捐献。

这被称作"卖赠"。

这样的通说理解并非全错。但是，如果认为所有案例中都是100%与0%的话，就是彻底的错误。指出这种通行学说的暧昧之处，并对卖赠这一行为提出正确理解的，是须磨千颖氏。

卖赠

须磨氏首先注意到，在室町时代的文契中，有不少在单份文契中声明本人是卖赠。因为这些事例中卖主没有制作两份文契，这自然起不了回避德政的作用。那么，卖赠是出于什么目的而制作的呢？比如有下面这样的例子：

A有捐献土地给寺院的心愿，但没有适当的可捐土地，于是就去游说拥有合适土地的B，将B的土地捐赠给寺院。A向B支付对价。读者或许会觉得，这时A应该先把地买下来，然后以自己名义来捐赠吧。但对B来说，为了往生极乐，献地供佛也是他想要实现的宿愿。所以，形式上完全采取B捐赠的形式。A向B支付的金额比通常的市场价要低一些。也就是说，这是将A、B的共同捐献与B卖地给A合二为一的字面意义上的卖赠。

从这样的角度重看，即便是兼好的例子那样分写出售、捐赠两份文契时，也有不是买卖100%与捐赠0%的情况。

例如应永二年（1395）越前国的案例。有个男子把一块建筑用地捐赠给寺院，同时又向其收了一百贯。卖契、捐赠文契当然是分别制作的。在此事例中，实际上 26 年前，此地已经被该男子的祖父捐赠给了同一寺院。为什么已经捐赠的土地到其孙辈时要再捐一次，并且此时受捐寺院还要支付一百贯的巨款呢？

须磨氏推断，理由是其祖父捐赠之地中至少有一部分在孙辈之时已经被反悔并回到捐献人一方。为了解决捐赠地相关的纠纷，他们才采取了卖地＋捐赠的方法。这大概是事情的真相。说起来，在中世时代，不算卖赠的新赠文契也有相当多的数量。新赠当然是以旧赠为前提，新旧两捐赠者的关系多是同族、主从等，但要言之就是重新捐赠。

世俗权力之处置

换句话说，无论是卖赠还是新赠，虽然有出卖层面占比大或重新捐献层面占比大等细微的不同，但是本质上是同一法律行为。

"寄进佛陀之地，不可悔返"这一大法产生并长期以此为名，反映了许多好不容易越过边界，从人物变为佛物、神物的财物，又从佛物、神物回归人物的事实。嘉吉二年（1442），一名武士在交给纪伊国欢喜寺的山地等卖契中如下写道：

> 此山地虽是亡父的旧捐赠地，但已作为"公方之御处置"而收回领有。如今因筹集向主君奉公所需经费，

以三贯五百文的价格将其卖给原受赠方欢喜寺。

这张卖契中值得我们注意的是，佛物回归为人物不是基于捐献人的意志，而是因"公方"，也就是世俗权力之力。

对神社佛寺的捐献，即便再怎么是出于个人的机缘，其功德最终将普惠万民，所以是受社会尊敬的行为。但是，某名武士捐赠领地，将其变为佛物，对于至少对该领地具有间接统治力的武士主君来说，就不单单是令人欣喜的事情了。所以，世俗权力时常想要把捐赠置于法律管制之下。镰仓幕府在延应二年（1240）颁布的法令"私自向寺社所捐献土地，可予收公"等就是典型例子，在实际的判例中，也有已捐赠的御家人领地因适用该法而被取回的。

自由出家之过

若把土地换成人来看，这一关系就更加清楚了。将人变成佛物，自然就是出家。而且出家入道与捐赠一样，对许多中世人来说是总想完成的受尊敬行为。但是，对于越界化身佛物之人，世俗权力就无法像出家前一样管着他。臣下出家，对其主君来说就是重大的问题。

建长三年（1251），足利泰氏一遂夙愿，剃度出家，幕府以"自由出家之过"没收了他的领地。尽管他是当时的执权北条时赖的妹婿，其父亲是幕府耆宿足利义氏，为其多番求情，这一处罚仍以"不可因人枉法"为由而不予撤销。而在这位时赖于弘长三年（1263）去世时，为表悼意而出家的御家人络绎不绝，以至于幕府下令全国守护调查并提交"违背御制出家"的御家人名单。

> 御寄进更改之由，已然应承。往昔情况虽不甚了解，但今后将一町六段土地的年贡三贯文重新捐赠，每年筹办。

这是在非常后的时代里，远江国某武士呈给熊野那智大社的一张捐赠文契中的内容。这里也有捐赠→更改（否定）捐赠→新赠的图式。这种世俗权力的措施将佛神物回归到人物，明显是一种德政。不管怎样，去除专有名词的"物之分界"的存在，以及向原本之界的回归中，隐含着中世德政的本质。

第五章

赠与和让与

赠与他人之物

赠与他人

捐赠给寺院的田地能不能收回来是佛陀法的问题。当然，有无反悔权利、合法非合法的争议，也不只出现在向寺院捐赠的场合。

悔返：后悔而取回已经给予他人之物。(《日葡辞书》)

我们以更广阔的视角来探究一下这个中世词汇的法律意义吧。因为要理解中世独有的"回归现象"，我们就必须触及这一问题。有一本书叫《尺素往来》，作者据说是《樵谈治要》《花鸟余情》等书的著者，即被誉为室町时代中叶首屈一指的大学者的一条兼良。这本书列举了四种"不可有悔返、改动之仪"，也就是不可取回之事：

1. 捐赠给神明。

2. 布施给佛陀。

3. 赠与他人。

4. 庶子分割。

其中 1、2 两项当然是前文提到的佛陀法，第 4 项后文即述，当前我们先看第 3 项：

> 赠与他人之物，不可悔返。

给与他人之物不能再要回来。这一条法理比佛陀法更老，至少在平安时代晚期的朝廷法令里就已经确定了下来。幕府在初创后不久也以法律形式规定了"赠与芳心之物不可改变"，继承了朝廷法令。能不能把给别人的东西取回来，在现代并不算很大的问题，但在中世却是相当重要的法理，尤其在将其引入武士社会后，激起了意想之外的波纹。

忘恩之徒

即便同样载于《御成败式目》中，第十九条在教材等书中似不常见，所以此处照录全文。与本书引用的其他史料一样，此条原为汉文。

不论亲疏被眷养辈，违背本主子孙事右，凭人之辈，被亲爱者如子息，不然者又如郎从钦。爱彼辈令致忠勤之时，本主感铭其志之余，或渡充文，或与让状之处，称和与之物对论本主子孙之条，结构之趣大不可然。求媚之时者，且存子息之仪，且从郎从之礼，向背之后者，或假他人之号，或成敌对之思，忽忘先人之恩顾，违背本主之子孙者，于得让之所领者，可被付本主之子孙。

承蒙他人庇佑之人，有时如子事父，有时如臣侍君，为恩主汲汲尽忠。庇护者看到其态度，感动在心，通常会写下"充文""让状"[1]给予其领地。但是等到大恩大德的庇护者去世，到了其子孙辈之时，事情又变得如何呢？受庇护之人完全忘了过去，声称所得领地是赠与之物，所以现在就没有旧主过来说三道四的份。对于这种人，幕府就将问题领地没收，交还给原主子孙。

读者可能觉得忘恩之徒今日也不算少见，可能还有些人会感叹亲子关系今非昔比，"存子息之仪"之类的比喻如今已不能打动人。这且不管，受庇护之人拒绝恩人子孙返还请求的法律依据，是"假他人之号"与"称和与之物"，也就是那

---

1 充文是封授土地时，封授主体向封授对象颁发的凭证文书，让状是将所有权转让给他人的转让文书。

条赠与他人之物不可悔反的法理。即便是从恩主那里作为"忠勤"代价而得到的领地，也是从他人那里无偿获得之物，所以没有返还的必要。

《御成败式目》的性质

但是，幕府以何种理由将此条加到《御成败式目》中去呢？将否定赠与他人法在此类情况中的效力、保护原主子孙的法文加入《御成败式目》五十一条中的必要性在哪里呢？

言及至此，我们就必须涉及《御成败式目》这部特殊武家法典的性质了。这又要把话题岔开，所以我尽可能简明一点。

站在《式目》立法的时点，也就是贞永元年（1232）来看，它与一般的幕府法没有特别大的区别。当然，其内容完整，一举包含涉及各方面的五十一条法令；其在立法时制作了由幕府评定众[1]全员署名的起誓文书；幕府对该法令进行了广泛告知。诸如此类的事实，使它在内容、形式上确实和普通的幕府法不一样。但是从立法的缘由来看，也就是当时相似的纠纷频繁，需要新立规范或仅颁布有必要紧急更改的法令，则《御成败式目》与通常的幕府法令也没有什么大的差别。而且比较条文之多、内容之全面，幕府在弘长元年（1261）

---

1 和执权、连署一起构成镰仓幕府最高议政机构评定会议的成员，一般从北条氏一族，三浦、安达等强大的御家人，以及大江、二阶堂等文官家族中选出。

颁布的《关东新制诸条》有六十一条，与《式目》一样将"振兴神事"放在首条，内容规整，并无过多逊色。

云泥之别

但是，在立法十年、二十年乃至一百、两百年后，《式目》与其他幕府法典就有了云泥之别。且不讲它后来被用作平民读书、习字的课本，就是在作为具备实效的法律上，它也与众不同。

这里仅举一例，在《式目》制定三百二十年后的天文二十二年（1553），石山本愿寺的法主证如想判处一位被捕谋书犯（伪造文书者）极刑。然而，可谓石山王国专制君主的证如，心里也有一件事让他举棋不定。那正是《式目》第十五条的规定。知道"《式条》中有流放（而非死刑）"规定的他，不能不把它当回事。怎么都想将犯人处以死刑的证如，从一位幕府奉行人[1]那里知道最近室町幕府有过处死谋书犯的判例，总算才名正言顺地把犯人处死。

确实，《式目》第十五条明文规定，对武士身份的文书伪造犯处没收领地，没有领地者则处流放边疆。但是，如果这不是《式目》而是一般的幕府法，那又会怎么样？都过了三百多年，它完全不可能让证如如此烦恼吧，因为后者应该

1　幕府的下级事务官。

都不知道有那些法律。立法的主导者北条泰时这些人，大概也想象不到几个世纪之后会发生这样的事情。

为什么《式目》被人奉作如此非凡之物呢？这是思考日本法制史的重要问题，但如今仍没人能给出具有说服力的解释。总而言之，在研究《式目》条文的时候，很重要的一点是，比起其他法律，我们更有必要区分立法时点的问题与立法后经过一段时期的问题。并且，仅就立法时点而言，如其中包括两条关于承久之乱战后处理的条文所象征的那样，《式目》中在当时属于必要规范的规定明显占据了绝大多数。

幕府与御家人

那么，站在贞永元年来看，《式目》第十九条对幕府来说有什么必要呢？可以证实这些事情的史料未流传下来，所以以下是我的臆测。让我们再读一下前文引用的条文：

> 爰彼辈令致忠勤之时，本主感铭其志之余，或渡充文……

对于"忠勤"效命的仆从，主人"感铭"其"志"，附上一纸"充文"（给予领地、职位权利的文书）将领地赏赐给他。无论是在精神方面还是在物质方面，这里设定了包含双方在内的最典型的主从关系。自源赖朝以后，镰仓殿¹与关东御家人在现实中缔结的御家人制的原理性基础，也只能是这种模式。

主人去世，到了其子孙辈的时代，受恩者及其子孙不曾从亡主子孙处得到直接恩惠。过去的恩赐之地，就变成了从"他人"那里得到的"赠与"之物而已。所以不论出现什么情况，现主都不必担心土地会被收回。

《式目》第十九条的直接对象，主要就是御家人与其从者之间的关系。但是，这当然也和幕府最紧要的镰仓殿与御家人的主从关系密切相关。众所周知，《御成败式目》的很多条文都以"右大将家（源赖朝）御时之例"为法律权威的源泉。源赖朝和武士之间缔结的主从关系，正是幕府权力的力量源泉。但这位源赖朝自然已经亡故，源家将军的血脉也已经断绝，如今的镰仓殿是京都来的九条赖经，当时还是个十五岁的少年，而北条氏确立权力尚是更往后的事情。如果此时御恩之地只被视作他人赠与之物，不能从对原主子孙怀有敌意之人那里收回土地，那么幕府的御家人制就面临重大危机了。我想《式目》第十九条的立法目的就在于此。

充行、让与、赠与

顺着这个话题，让我们再读一下这一条文。转换视角，同

1　起初是对源赖朝的尊称，后来变成对镰仓幕府将军的尊称。

一种行为可以描述成以下三种法律行为：

1. 给予郎从一样的臣下充文，恩赐领地。

2. 给予尽子息之礼者让状，让与领地。

3. 声称所得领地为赠与之物，与原主子孙发生争端。

然而，1 是"充行"[1]，2 是"让与"，3 是"赠与"。今天的我们因为脑袋里总是有从中世到近世的漫长武士政权历史，所以很容易认为那种典型的主从制以及具体体现它的充行领地是极其普遍的事情。但是即便到了镰仓时代初年，"充行"仍然是与"让与""赠与"难以区别的模糊法律行为。

幕府在《式目》第十九条中宣布，主从间的恩赐行为与赠与他人行为之间具有原则上的不同。其后，幕府把舅舅、外甥、外孙等从"他人"中剔除，压缩其范围，但有些时候也陆续发布法令，规定根据文契内容可以反悔等。幕府期待双方能以主从这种与非亲非故之他人间的精神纽带为基点，一方无偿给予其领地，另一方以奉公作为相应回报，且一族领地传续给本族之人而非"他人"。对于这样的幕府来说，赠与他人法一直是相当碍事的法理。尽管如此，幕府也没有尝试通过立法全面否定它。由此可知，这一法理原则的社会接受度很高。那么，为什么要切断从他人那里免费获得之物的回归途径呢？

---

1 特指武士社会中主君赐与家臣领地的词汇。

免费的是最昂贵的

现代的赠与观

话题一下又要跳跃好几百年了。我想看看在现代社会，我们怎么看待这个问题。

根据来栖三郎氏的《合同法》（有斐阁，1974），德国、法国的民法典，赠送行为履行之前自然可以取消，即便履行后也允许以受赠者有忘恩行为、赠与人有了孩子、赠与人陷入贫困等理由取消（撤回）赠送。这和《式目》第十九条认可从忘记"先人恩惠"者那里取回赠与物的规定有共通部分。

但是，日本现行的民法完全不允许撤回，至少在赠与行为履行之后，几乎所有的学说和判例都支持不允许撤回的法理。也就是说，日本的现行法律也不承认"反悔赠与"。来栖氏以这一点为重要根据，指出日本民法在对"赠与约定的保护"上，具有比外国法律更优厚的特征。至于形成这一特征的原因，他引用了明治时代民法起草者颇有意思的言语："吾人不取有代价则加以非常保护，其他时候则保护薄弱之主义。吾人以为，某些场合之下的赠与亦远重于买卖行为。"在引用此类观点之后，他解释道："构成欧美各国赠与法基础的赠与观，是将赠与视作好意。与之相对，构成日本赠与法基础的赠与观，则将赠与视作基于义务、情分乃至恩义而来的义务，因此赠与不因无偿而遭轻视。"

在民法编定的明治初年，乃至构成其母体的近世社会中，这种所谓"不得不做的赠与"是普遍情形，因此我这个外行也觉得赠与"比买卖更重"的解释确实具备说服力。

赠与的条件

但是，这种观点能不能适用于中世的赠与呢？我觉得不能。中世的赠与，似乎仍以"好意"为出发点。当然，情分、好意之类的精神要素作为人际感情是一种超历史之物，把它当作历史问题来衡量是非常困难的。不过，在中世成为法律问题的赠与他人之行为，还是显示出了例外，比如，在镰仓初期成书的法律书《裁判至要抄》在展示了"赠与之物不可悔返"的原则后写道："然非志之所，强乞取之物，可返其主。仍于压状，不可备文契。"也就是说，从没有赠送意志的人那里强要的物品应该返还，被迫写下的文契（压状）无效。换句话说，受赠者不受压力的纯粹之"志"，才是赠与成立的法律要件。

另外，赠与物原本多是动产，但到平安时代，土地也成为赠与对象，为此赠与者就要把证明事属赠与的文契交给受赠者。一种学说认为这一情况促使赠与法成立。但我们从买卖、让与等例子也明确知道，文契的存在并不能切断物品的"回归道路"，所以我不觉得此说切中要点。

最终，有关日本中世赠与之物不可反悔取回的法理成立的原因，目前并没有具有充分说服力的学说，很遗憾，我也想不出可供一提的见解。

赠与的互酬性

不过，我最近受阿部谨也氏的文章启发，阅读了马塞尔·莫斯（Marcel Mauss）的著作，得到了一点似可作线索的思考。虽然这么解释多少有点勉强吧。根据莫斯的研究，赠与具有互酬性。也就是说，受赠者必须准备相应的回礼，如果怠于此事就要承受重罚。这种习惯普遍存在于人类社会之中。

当然，在日本中世，我们还没有在史料中确认这种习俗的存在。但是，获得"没有比免费更昂贵"之物的人，无论是过去还是今天，之后必然会感受到精神负担，时代越回溯，这种义务感、束缚力量可能就越强烈。也就是说，受赠者从赠与行为履行的那一刻开始，就以某种形式对赠与人持续进行还礼。如《式目》第十九条所见，受赠者或许要一直维持"子息""郎从"之礼。如果这种状态持续一定时间后，赠与之物被收回了会怎么样呢？受赠者对赠与者持续返还的、事到如今已经不能取回的各种有形无形的报恩行为，就完全遭到背弃了。如果是有价交易，比如买卖的话，那么卖主取回土地时，可以通过还回对价或者两二倍对价补偿买主的损失，但赠与是无偿的，受赠者什么也得不到。这一法理在日本中世法律中能够长行不衰，或许就是因为这种"赠与的互酬性"。

试图回归之力

不用说，人们执拗地强调此法，欲切断赠与物回流的途径，自然是反映了试图回归之力恒常性地发挥作用。像前述幕府法的动向所示，赠与他人法正在逐渐失去力量。在"佛陀不归人"那一节举出的春日大社与金刚寺的官司中，金刚寺一方就动用了以下逻辑进行陈辩：

> 有法令规定赠与他人之物不可悔返。况且这是布施给三宝之物，绝对不可以取回。

试想一下，捐赠（寄进）是人对佛的赠与，如果赠与他人法是万能的话，仅凭这一条就能对抗原主的反悔行为，保住捐赠地了。佛陀法远远晚于赠与他人法，到镰仓中叶以后才显露身姿，就是因为社会上需要比赠与他人法更加强力的法理。

物归原主

庶子分割之地

关于回归途径被关闭还是被打开的烦琐法理讨论，当然不限于赠与他人的方面。前述《尺素往来》中列举的不可返还之物有一项叫"庶子分割之地"。在这本教材成书的室町中期，总领（家族的继承人，并不限于长子）单独继承是普遍做法，至少总领与庶子的遗产份额差距巨大。所谓"庶子分割之地"，就是这种零星的遗产。这些土地不得收回，由此便产生了不认可父母反悔权的法理。可以说，它被当作类似赠与他人之事来处理。

这是室町时代的做法。在镰仓时代初期，总领与庶子间的区别并不涉及有无反悔权力，一般的争议问题是父母能否收回一度给予子女的财物，如果能收回，它是否适用于女儿继承的部分。

让与的回归途径

不过，即便父母能收回领地，一般情况下他们会比子女先去世，收回的领地不可能自己永远领有。所以父母反悔权的问题，必然与遗产的重新分配问题直接相关。在这个时代，贵族、武士和僧侣之间的继承事宜，以让与文契、处分状、附属状等文书进行，因此在文书层面，就分作认可反悔的后状（新的让与文契）有效论与不认可反悔的前状（最初的让与文契）有效论两种观点。

宏观来看，中世法律的原则是父母能够收回分给子女的财产，后契可以取消前状的效力。不过如后文所详述，公家法律中强力支持前状说，至少对于女子继承的部分，以及先于被继承人去世的继承人的部分，反倒是前状有效论占据优势。

与之相对，镰仓幕府法则完全保障了让与的回归之路。《御成败式目》将通常情况下的父母反悔权作为已知前提（所以其本身没有被写入法条中），就女子继承部分、继承人死去时的部分，乃至获得作为幕府公认文书的安堵状的部分等各种可能情况订立条文，每一条都保障了父母的反悔权。

从子女处收回领地

幕府初代问注所执事三善康信的弟弟三善康清，也从京都前往镰仓，成为长期为幕府工作的法律专家。其女儿是位出家为尼的寡妇，法名光莲，在嘉祯四年（1238）的上申书中写了如下事情：

其亡夫在丹波有三处领地，其中犬甘保的地头职让与了光莲。但是丈夫死后，三处领地被他人强占，光莲前往镰仓找父亲三善康清诉苦，靠父亲的帮忙取得了幕府认可该领地权属的命令文书。其中两处领地按照她的安排，由其子酒井政亲掌管，但政亲忘却母恩，声称犬甘保也是自己的，并强行占有。光莲虽然觉得母子对簿公堂不好，但仍在前年提出诉讼。但是，此后政亲仍然占有该地。犬甘保的地头职是亡夫所让，自己让与何人完全是自己的自由，加之亡夫也有意，因此她要将此地让给女儿。"五十一条（《御成败式目》）"中也有"所领可任父母之心"的条文。希望幕府颁发命令，停止儿子的强占行为，保全自己的知行田地。

另外，在此事第二年，出羽国的御家人小鹿岛公莲也写下了旨在反悔并收回已让与已故女儿的领地，并将其让给其他儿子的转让文契，其中写道："所领处分事，御式目诸条皆明文记载"，他人无权置喙。其实这个时候，公莲与女婿围绕其亡女遗领的问题正在打官司。

这两个案例，是《式目》制定之后出现在文书之中的最早史料。它表明御家人很快就对《式目》中强化父母反悔权的继承法做出了反应。不久，这一法理就在中世社会固定下来，让与的领地"回归"至少在法律层面被认为是理所应当之事。

原主

现在再介绍一个有点特异的"回归"现象。那就是一度丢失或被夺走之物再次回到本来的主人（原主）手上的"回归"现象。

假设有御家人 A。A 因为犯有某罪，比如通奸罪，其家族开垦而累代相传的私领被没收了一半。这些被没收的土地如何处置呢？有时它被保留为幕府的直辖领地，但基本上会封给期望获得新恩的御家人。而到了新封主 B 的儿子那一代，这次是他因拖欠庄园领主的年贡之罪，原来属于 A 的那处领地又被没收了。那么这块地又该怎么处分呢？原则上可以和 A 那时候一样，将其作为幕府直辖领地而收公，或者再封给御家人 C，但实际上有人可以强烈主张将该地给予自己。这就是 A 或者是其子孙 A′。A 和 A′ 的主张依据不是幕府应该褒奖自己勤恳奉公，而只是该领地是自己的旧领，他们才是原主。而且，这种要求将该领地重新赐予自己的主张，基本上具有法律层面的强力依据。比如《御成败式目》第七条如下规定：

尽管该领地现在由其他人实际支配，且那位支配者是因功勋或侍奉而从赖朝、赖家、实朝三代将军及北条政子那里拜领此地，但也有人称该地是其先祖的原领，诉求返还该领地给身为原主的自己。如果实现后者的希望，此人也许会喜悦，但是有充分依据知行该土地的前者就难忍不安。所以不得受理此类诉讼。不过，如果知行者犯罪之际，则不禁止原主采取正规手续提起返还原领的诉讼。

就上述例子而言，B 知行该土地时，A 和 A′ 不能提起返还请求，但 B 犯罪之后，A 和 A′ 就当然可以提出请求了。当然，这条法令没有说，其他幕府法令也未必保证一定会将旧领给与 A 和 A′。但是，可以提出返还请求基本上就类似于保证，幕府实际上对自由处分没收地做出了严格的限制。

本领安堵

那么，这种可谓原主对被没收领地的重获期待权的背后，有什么法律渊源支撑呢？这一点有各种解释，但说到底还是 A、A′是旧领的原主这一事实本身。

高中教科书中肯定会写，所以诸位或许还会有点记忆。将军赐予御家人的御恩中，最重要的是本领安堵。

> 御家人者，往昔以来为开发领主，赐武家御下文之人也。开发领主者，根本私领也，又称本领。

就像《沙汰未练书》这条有名的解释一样，本领意为累代相传的根本私领，本领安堵就是幕府保证御家人对这种领地的现实支配。

但是同样是本领安堵，例如后醍醐天皇的建武政府发布的《本领安堵事》这一法令，就指的是将北条氏没收的"原领""旧领"返还原主，也就是这一时代常说的"返还本领"。也就是说，"本领"这个词有根本私领和旧领两种用法。

本职

因此，问题就是可以请求返还旧领的"本主"的含义。如上文屡屡提及，"本主"这个词一般意指"原来的物主""旧所有者"，但它的含义不止这些，还有"本来的主人""始作俑者"等用法。而且不论是本领还是本主，表面上具有"根本的""正当的"和"原来的""以前的"两种含义，但追溯二者则最终归于一处。

　　　该两国的守护职，近来恰巧为朝雅所任。这是经俊的本职，按照道理、忠节都应该返还给经俊。

　　山内首藤经俊曾因惧怕伊势平氏举事而逃亡，其伊势、伊贺两国的守护职遭到幕府褫夺。上文是他趁着新任守护平贺朝雅谋反而提出复职要求的言辞。他说的"本职"不仅是指"旧职"，还含有"正当之职"的意思。平贺朝雅获得守护职被称作"恰巧"便充分体现了这一点。"新"只是"恰巧"，而"旧"才是事物应有面貌的"本"。因为某些偶发原因而失去的物品，又因某种契机回到"本主"手边。与只要变换名义，物件就会变得和原有者毫无干系的现代社会不一样，"回归"对中世人来说不是什么特别异常的现象。

　　但是，和上述零星发生且是习俗性的"回归"之路不同，带有明确政策性目标的大规模"回归"，仍只可能是政治现象。而政治上的"回归"，当然就不会限定在领地方面。

第六章

被抹消的法令

德政的风闻

一份土地卖契

　　真言寺名刹醍醐寺在室町时代出过两位杰出的政治僧侣，即足利尊氏时代的三宝院贤俊，以及历仕足利义满、义持、义教的三宝院满济。此寺也因藏有平安时代以来的数百函古文书、圣教类文献而闻名于世。我一直从事将这些文书整理编纂为《大日本古文书　醍醐寺文书》的工作。距今二十多年前，在接触这些文书没多久的时候，我就邂逅了下面这张文书。或许遇到它就是我现在还对"德政"等问题抱有某种关注的机缘。按例改为训读文，将全文抄录如下：

　　沽却　醍醐菩提寺西堺大道绳地下田事

合五段二百四十步者。四至堺具见本证文等。

右件田者，自小泽尼御前，源氏女于时小督局，今法名莲念买领地也。而依有要用，限直钱百拾贯文，相副代代手继证文等，所卖渡唯照御房实也。然者无他妨可被领知也。若不虑牢笼出来之时者，故致合力，可令明沙汰。又当时如披露者，被出新式目，于卖买之地，不返与本钱，可令本人知行之由，被载之云云。虽然，至于此田地者，敢不可致其沙汰，向后更为无违乱，立新券之状如件。

弘安八年十一月 日

比丘尼莲念在判

［上述田地乃源氏女（当时称小督局，今法名莲念）所买领地。因需用钱，将该地以一百一十贯为价，附带土地历次转手文契，照实出售给僧人唯照。如此，唯照可无碍领有该地。如果发生意外争端，原主莲念当出力承担，使判决公明。另外，如现今世间中已经明确的那样，据说有新法令，规定土地原主可以不返还本价而收回已售土地。虽如此，此地不在此例，原主绝无意要求返还土地，以后原主更不可妨碍唯照领有该地。故立新券规定以上事项。］

这七亩多地不久成为醍醐寺内的律宗寺院菩提寺的寺田。

它此前一直在京都贵族之间流转，每次转手时的卖契作为转手文契，在醍醐寺文书中流传至今。上述文契就是其中的一张卖契，是八年前的建治三年（1277），当时名为小督局的尼姑莲念从名为小泽尼的女性那里买下此地，此时又将其卖给了僧人唯照的契约。顺便一提，前任所有者小泽尼被推定为大纳言土御门通行之妻，而此份卖契的卖主莲念，从俗名推测是京都宫廷中的女性。

如此所示，中世田产的买主、卖主中，女性的比例甚大。这一点很早就引人注意。人们对此给出了各种解释，其中一种看法是实际的权利人是男性，女性不过是表面上的名义人。但是小泽尼的例子则完全相反，建治三年的卖券明确记载她以亡夫为名义所有人，自己花钱买下此地。这一点很有意思。

对冲突的担保

不过，如今的不动产交易也经常出现纠纷，而在没有土地登记制度，也没有产权证书的镰仓时代，买主的不安全感当然是不可同日而语的。土地历次转手文契就是证明卖方具有正当权利的书面文件，但有的时候卖方没有，即便有也可能是伪造的。而且，即便卖方在知行该地时是正当的权力者，但如果出现因买卖、抵押而将其出售的事情，他也可能失去权利的正当性。

比如说，御家人如果出卖其"私领"以外的土地，被卖土地就有可能被幕府没收。其出售、典卖给非同族者的土地，也可能会遇到同族之人的强烈异议。此外，在包括卖主之前的所有者在内的诸种"回归"之力作用下，支付对价的买主相当不安。

为此，买主一般会特别约定瑕疵担保条款，比如买方的支配权受到侵害时，卖方须赔还双倍对价等。卖方的负责期限也长达五年、十年甚至是卖方的一生。上述卖契中"若不虑牢笼出来之时……"这一部分也是担保条款之一，它规定了发生纠纷时，卖主替买主承担法庭内外的交涉。

风闻

不过，问题当然是"又当时如披露者，被出新式目……"部分。这也是担保条款之一的所谓德政条款，即防止适用德政令的条款，但其内容并不全是德政内容。

另外，如现今世间中已经明确的那样，据说有新法令，规定土地原主可以不返还本价而收回已出售的土地。虽如此，此地不在此例，原主绝无意要求返还土地。

在弘安八年（1285）十一月这个时点，发布过被称为"当时"的"新法令"的法条。在此份卖契介绍出来为止，我们完全没有看到涉及此事的史料。更不要说，它的内容还是无偿收回变卖的土地。读到这份史料的时候，我首先想到的是以下两点：

其一，这则新法令的立法者是幕府还是朝廷？不管怎么说，至少在"无偿收回变卖土地"这一点上，它和十二年后的《永仁德政令》内容完全相同。这条法令除此之外在历史上没有留下任何痕迹，那它究竟消散到哪里去了？

其二，有关新法令的传闻又是在哪里被"披露"的，这位名叫莲念的尼姑究竟在哪里得到了这些信息？

当然，如今来看，第二点应该关注的是买主唯照，而非制作卖契的莲念。因为按照常例来说，卖契上的每一句话，尤其是担保条款，当然是根据买主的要求写进去的。

二十年后的今天，让人难为情的是这些疑问仍旧是疑问，没有一事得以解决。最多就是我略微加深了一点经验上的确信，认为如此表述的法令是幕府法律而非朝廷法律。不过，确实也过了这么长的时间，怠惰的我也还是注意到有关这份史料的一两件历史事实。

霜月骚动之年

其中之一是简单到小孩子看了都要笑出来的事实，即弘安八年十一月这个日期，是再简单的历史年表都肯定会收录的时间。

弘安八年十一月，北条贞时消灭安达泰盛一族，流放金泽显时到上总国。

这张卖契刚好作于此时。在镰仓发生的"霜月（十一月）骚动"，或者叫作"弘安合战"的大变乱，在一个半世纪的镰仓时代中，无论是政治上的深刻程度，还是军事上巨大规模，都是数一数二的大事件。此月十七日，与整个家族乃至许多强大御家人一起殒命镰仓的安达泰盛，正是弘安年间后半期的幕府政治改革——弘安德政的中心人物。

"不返与本钱，可令本人知行"的新法令是弘安德政的一个高潮，但诞生后不久就因安达泰盛的灭亡，也即弘安德政的闭幕而消失。除了今天的这张卖契以外，它没有在史料上留下任何痕迹。以上便是我的想象。至于它只是我苦恼之后权为弥缝的勉强之说，还是稍微接近历史的真实，只能仰仗读者的判断了。

安达泰盛的改革

恩赏奉行泰盛

对中世史兴趣不大的读者若对安达泰盛这个名字有印象，应该是他在那卷《蒙古袭来绘词》中登过场吧。在文永之役中仅带着主从五骑冲进蒙古大军的竹崎季长，为了请求幕府承认其"先登"之荣与军功恩赏而千里迢迢跑到镰仓。他拼上老命进行交涉的对象，就是时为恩赏奉行[1]的安达泰盛。季长不仅顺利地达成目的，还蒙泰盛本人的好意，获赠良马、盔甲归家。据石井进氏所言，在弘安之役中也立下战功的竹崎季长在永仁元年（1293）请人绘制这幅绘卷，原因之一就是追怀已故的安达泰盛。

　　作为恩赏奉行的安达泰盛，起初对待竹崎季长非常冷淡，坚持重视"证据"与"先例"的立场。如后文所述，这是安达泰盛政治的一个特色。但是，一旦被季长的热情所缚，他就转而对这位边鄙之地的小御家人给予人际性而非职务性的厚遇。也就是说，他是兼具干练官僚与热心武将两方特质的值得敬爱的人物。这一点也证明了石井氏关于《绘词》成立之观点的正确性。

吉田兼好与安达泰盛

　　还有一条展现安达泰盛人物形象的逸闻，载于著名的随笔集《徒然草》之中。这是一个主题常见的小故事，其中说"骑术无双"的泰盛避而不骑"烈马""驽马"，并以"非深通此道者，

1　"奉行"意为受上位命令的公务执行者，幕府常置或临时设置了许多分管各种事宜的执行官，在分管事务后加"奉行"，称作"××奉行"。

焉能如此用心"结尾。它也描绘出安达泰盛身兼勇猛武将以及逢桥便下马的老吏的两重面相。

关于安达泰盛和吉田兼好的关系，此处顺便介绍一下多贺宗隼氏的说法。

安达泰盛与金泽文库的创始者金泽实时关系亲昵，并把女儿嫁给了实时之子金泽显时，因此显时在霜月骚动后被流配上总国。但是之后金泽、安达两家交情未变，甚至泰盛的孙子安达贞泰在祖父、父亲身死之后，依旧处于金泽氏的庇护之下。

另一方面，吉田兼好在金泽显时之子金泽贞显的时代，多次造访称名寺。多贺氏推想，大概兼好正是在这个时候从金泽贞显及其周围之人那里听到了各种各样有关泰盛的回忆。比如《徒然草》在上述故事前面，还记载了北条时赖的母亲松下禅尼亲手修补旧拉门纸的故事。这被过去道德修身教科书视作"勤俭节约"的典范。松下禅尼是泰盛的姑妈，多贺氏推定这个故事应是通过同一路径听来的。

好学之士

安达氏与金泽氏两家情同手足的发端，我们当然不清楚。不过如多贺宗隼氏、网野善彦氏所说，泰盛是好学之士，甚至从后嵯峨上皇那里获赠二史、《文选》等汉籍，而这些是当时成为明经、明法等博士所必要的教养书。另外，他也是怀有很深宗教信仰心的虔诚武士，在高野山建有留存至今的塔形石柱，还出力刊刻佛教书籍。我们可以充分想象到，这些方面是安达泰盛与金泽实时接触的机缘。

而且很有意思的是，安达泰盛校订《沙汰未练书》的传说，被记载在了此书的卷末跋语中。该书是对"未练（不熟练）"镰仓幕府"沙汰（裁判）"之人的指导书，显示了当时幕府诉讼制度急速发展所达到的成就。不过，事实上泰盛不可能校订过该书，因为我们可以确认其成书是泰盛去世很久之后的事情了。

那么，为什么会产生泰盛校订《沙汰未练书》的传说呢？就像该书作者被假托为北条时宗一样，将泰盛的名字放在校订者之首也是为了增加它作为法律审判之书的权威性。这是我的想象，但也不算那么唐突吧。

辨别是非

弘安七年（1284）八月，霜月骚动前一年。此时正是泰盛的政治巅峰时期，幕府发布了"新法令"十一条。其根干有二，一是在制度上最大限度地保障当时裁判制度中核的引付制度[1]发挥作用，二是为防止诸种政治势力插手引付的审议过程而要求引付成员具备公正严格态度。

---

[1]　引付是为日后查证、引用而记载下来的文书，进而指代据此审案并归集相关证据的人员。镰仓幕府为提高土地纠纷判决的公正与效率，在评定会议之下设立引付会议，分为若干组，称作"方"，由各方直接审理后呈报批准。

佐藤进一氏评价包括"新法令"在内的这一连串诉讼制度改革，是"在权利保护方面完美无缺，使审判趋于公正的昂扬精神之显露"，"自建长年间一路发展的引付制度，至弘安年间终于到达完成阶段"。实际上，这个"完成"不仅是镰仓幕府的诉讼制度，即便从日本前近代法制发展的范围上看，它也是特殊的"完成"，而泰盛正站立在此顶点之上。

那么，"完成"的内容为何呢？那就是在制度上力图完成裁判中的"辨别是非"。分清理与非的区别，更简单地说，分清善与恶，对任何裁判权力来说都是理所应当的责任与义务。但是有一点需要大家理解，那就是判断是非的立足点是"道理"还是"事实"的区别。

理由与事实

理由，也就是抽象论，是律令制以来朝廷裁判的立柱点。它完全在律令的条文中寻求法律根据，并以逻辑推导出结论。这一方式有两个特点，一是只要在法律条文和结论之间摆上某种媒介，无论什么样的结论都可以推导出来。因此很可能先有服从政治需要的结论，然后就形而上地寻找符合此结论的法律根据；二是因为以理由为主，极端来说，只要有寻找理由的人员就可以了。旨在探寻事实的制度并无必要。如后所述，镰仓时代朝廷、幕府的两种裁判制度出现显著的发展差距，其原因虽有各种，但我认为本质上还是寻求理由或寻求事实这个出发点的不同。

与之相对，以引付-评定制度为中轴的镰仓幕府裁判的理念，是将分辨是非的立足点放在"事实"上。事实当然不是表面上的现实。审判者必须通过三问三答及对质程序，彻底倾听当事者的主张，然后调查证词和文契凭据，发现隐藏的事实。因此，为了追求这一纲领，最重要的是健全制度，这就和立足理由时的情况正相反了。而且若以事实为出发点，就不能容许权势之家的干涉（结论先行）了。

但是，这一法制思想在此时期发展至其顶峰后就走向了衰退，到了接下来的室町幕府时代逐渐被纳入理由的世界。在日本的前近代社会，为何会产生这样的法制思想，它又为何这般徒然地消失了呢？这些问题至今仍无回答。

幕府法一百条

弘安七年（1284）四月，幕府执权北条时宗去世，其子北条贞时——同时也是安达泰盛的外孙——年仅十四岁继任。众所周知，从这时到霜月骚动发生仅一年半，幕府发布了约一百条法令。如果说比较现存法令的数量毫无意义也倒罢了，但如果觉得它有一点意义，则只要想到以法文形式留存的幕府追加法在约一百年间也只有七百五十条，就可知这个数字非比寻常了。这种显著的立法工作，至少说明了此时的幕府政治极具主动性。此时有流言称安达泰盛有觊觎将军宝位的野心，他与政治上的宿敌平赖纲的争执也日益激烈。这些事情恰好证明这一阶段的政治是在安达泰盛的主导下进行的。

我没有余裕和能力详细讨论由这一百条法令具化的泰盛政治的内容。不过笼统地说，其政治纲领有两大支柱：一是完善裁判制度，二是可能将前述"当时披露的新法令"也最终纳入的"振兴所领"令。

完善裁判制度

前文也提到，有关裁判制度的改革以整顿引付众、奉行人等审判人员的纲纪为重点。要求此类人员清白廉直，当然不只是这个时代才有的要求。不过，安达泰盛这一改革的特征在于，它是为制度上的引付头人责任制提供精神支持。所谓引付头人责任制，是指在一场官司中，某一方的引付成员从始至终都在头人的指挥之下，承担无论好坏的全部责任的体制。它力图排除引付成员的个人主义，用胜俣镇夫氏的比喻，它要确立一揆式的连带感。

举一个例子，前述弘安七年八月发布的十一条法令中，起首是"评定、引付评议漏达事"。该法令规定，本应是密室会议的审议内容，比如在评定会议、引付会议的席上某位成员的某些发言，某位成员支持原告还是被告等内容被泄露到外部，人们对此多有不满，因此走漏消息的成员要由头人担责，接受处分。以执权、连署两人奉镰仓殿之意的形式下达的判决书，自然不会记录参与判决者的单独意见。审议内容泄露，会产生贿赂、帮派等弊病，有损幕府裁决的威信。安达泰盛在全都是重要内容的十一条法令的开头安排了"漏脱消息之罪"，意图当然是恢复《御成败式目》中强调法庭成员团体感的立法精神："做出正确合理的判决乃是基于众人的共同正义，即便错断误判也由众人一起承担。"

在谋求这种"审判公正"的同时，强化引付责任的政策也涉及"审理迅速"化。不仅如此，安达泰盛还下令将前往镰仓等待开庭的原告人姓名在引付头人那里备案，对其中"贫道无缘"之人和家乡遥远者的诉讼优先审理。

对于中世人来说，"德政"与"振兴裁判"往往是同义语。天灾地变、政治动乱、要人去世、服丧触秽……实际上有各种各样的原因导致案件中断审理。所以不管采取什么形式，让法庭开庭才是首要之事。在此之上若能"公正""迅速"地裁决案件，则幕府的政策就会被颂扬为"感激不尽的德政之盛"。安达泰盛主导的弘安德政的一大支柱，显然是"振兴裁判"。

振兴佛神领地

其第二大支柱的振兴所领法，是旨在让各种领地"回归"到原本状态的一系列政策。回归的对象有几种，按照物的分类来说，首先是"神物"，接着是"佛物"；从地域上来说则九州地区是政策的最大对象。

自古以来，若要寻求善政、标榜德政的话，肯定会复兴佛事神事，为此就要恢复作为寺院、神社经济来源的佛神领地。不过，这次的政策带有与安达泰盛的弘安德政相符的特色。

首先来看在全国范围内实施的振兴寺社领法。安达泰盛以诸国的国分寺、一宫为中心，修缮古寺古社、恢复寺社领地，但同时禁止新建寺社。他一方面强调振兴佛事神事，但另一方面又要打破为此捐献的领地化作寺院别当、神社神主之私领的现实状况，因此下令严格审计寺社领地的年贡用途，并将原来处于将军直接指挥系统下的管理镰仓寺社权收到引付头人手上。这些做法表明此次的德政不是单方面给寺院神社胡萝卜，也有加强管理的大棒一面。恢复的领地必须是佛物与神物，而不能是僧物。这是首要特征。

接着，对于在文永、弘安年间两次成为抵抗蒙古主战场，今后也不能懈怠战备的九州地区，泰盛特别执行了强力的恢复领地令。九州的旧神社领地因买卖、抵押而落入"甲乙人"之手的土地，此次要全部无偿回归为过去的"神物"。幕府在实施上也采取严格态度，甚至不承认基于旧来"不易之法"与"二十年知行年纪法"的例外情况。这明显是对承蒙"神威"才获胜利的弘安四年（1281）异国合战的恩赏之举。不过，正如上横手雅敬氏、村井章介氏的研究所示，它也不是单纯的施予恩惠，其中潜藏着通过保护神社而将神领置于幕府管制之下的意图。

"甲乙人"是谁

甲乙人

在振兴九州神领令中最值得注意的一点是,"甲乙人"这一概念首次被纳入德政相关法令之中。"甲乙人"声称那些土地是购买或质押取得的,将神领化为己有之物。为了从这些人手中收回神领,幕府派遣三名使者前往九州。那么,所谓的"甲乙人"是什么人呢?

> 甲乙人等,凡下百姓等事也

这是我们屡屡引用的《沙汰未练书》中对甲乙人的定义。"凡下百姓"是贵族、武士之外的一般庶民的总称,我们从这个定义就可知甲乙人就是庶民的别称,且事实上此类用例不计其数。所以,称呼拥有武士身份的那些大人物为甲乙人,自然是很无礼的举动。在与《沙汰未练书》成书几乎同时的镰仓末年(文保元年十月),僧侣龙海担任了常陆国豪族小山氏一族的村田秀信的法庭代理人,在六波罗的法庭上被对方御家人骂作"叫化和尚""甲乙人",于是他起诉对方犯了《御成败式目》所载的"恶口罪",要求惩罚对方。这就是一个很好的例子。

那么,要说甲乙人本就是这样一个身份用语,则事实又绝非如此。就像今天的合同等文书也常见"甲方对乙方……
乙方是甲方的……"等用法，甲乙人的甲、乙只是和 A、B，
一、二同样性质的记号，自古以来就用于"甲日、乙日""甲
所、乙所"之类的表达之中。所以，甲某、乙某等的总称"甲
乙人"，是无法用某个固有名词表达，或者说没有必要用某个
专有名词表达的人群的总称。

中世初期的一份史料记载，原告声称该土地是亡亲的土
地，要求法庭将它还给作为继承人的自己，而被告答称："我
不是从你的父母那里继承该地，而是从甲乙人那里受让的，
所以你没有资格对此说三道四。"在此用例中，"甲乙人"是
该土地的原主也即原告父母这一特定者以外的第三者的总称。
这里当然全无身份阶层的意思。镰仓末年也有这样的用例：
一份武士的起誓文书中说"自己当然不干犯此事。另外，即
便被亲戚以及甲乙人教唆也决不作犯"。此处显示了甲乙人的
原意："原本和相关问题无牵涉的、彻底的第三者。"

德政相关法令中使用的"甲乙人"，正带有这种原本的味
道。简单来说，刚才那条法令里"归于甲乙人之手的神社领
地"这一条，完全不能按照《沙汰未练书》的解释而改成"归
于庶民之手的神社领地"。其主旨不是这样，而是将土地从"原
本与知行神社领地毫无关系之人、没有知行该地的血统及资
格之人"，也就是从甲乙人之手，还原到原本应在的地方，也
即把现在变成"人物"之物还原到原本的"神物"。

　　此时也出现了另一组法律用语，即对某处领地或该领地相关权利拥有正当知行资格的人被称作"器量之人"，相反，没有资格的人被称为"非器"，而甲乙人就是类似"非器"的用语。

　　可能有些冗词赘句了，不过将物还原到原本之界这件事，换一种方式来说，也可以说是将它从甲乙人手中还原到器量之人手中。这是领地政策上的德政，即德政令的本质。首次在法律层面上明确这一意识，是弘安德政中振兴所领令的第二特征。

器量与相传

　　表示甲某、乙某等人的甲乙人，何以出现"凡下百姓等事也"的用法，甚至这一用法还成为一般用法？这一点与本书主题并非全然无关，因此顺便来谈一下我的臆测。极其笼统地说，能够构成中世人对领地或相关权利的正当（不是通过暴力或者经济实力，而是具有社会层面认可的妥当性）知行的根据有以下两种：

　　一是前述的"器量"。无论是多么有权势的幕府御家人，也不能只凭权势就掌握庄园的本家职和领家职[1]，相反，朝堂上

────────

1　"本家"是庄园领有体系中最高级的领主，一般是皇子皇女、摄关家等顶级贵族权门和大寺社。"职"最初指职位、职务，后演变成该身份所具有的收益权等权力。"本家职"即作为本家所拥有的相关权利。"领家"是实际掌握庄务权的庄园领主，其上也会有高一级的本家。

的公家贵族也不能把地头职收于手中。当然，俗世之人把"神物""佛物"归为私有自然是非器之甚。

二是"相传之由来"。对于某块御家人领地，是御家人A知行正当，还是御家人B知行正当？因为器量上没有差别，所以就由A、B对其领地或相关权利有无"相传之由来"或其强弱程度来决定。这里所谓的相传不限于血缘继承，也即祖上累代相传。一年前从御家人C处购买来的"买卖相传"当然也没关系。

兼具这两要素者，即"备器量""带相传之由来"者，自然就是符合中世性正义的领地知行者。中世的民事诉讼大多都是围绕这两个要素孰优孰劣的争论，比如完全欠缺某一要素，或是两个要素都有缺陷等。

非器之甲乙人

不过，在这样的中世性所有的秩序之中，我们这些"凡下百姓"又处于怎样的立场呢？当然，平民百姓或许也有他们自己的器量、相传的世界。但是，那终归是他们内部的，在佛物、神物以及贵族武士等的人物的世界，平民百姓当然无缘于器量，和相传也毫无干系。恰巧在德政出现的时代，平民之中崛起了不少富人（有德人），开始通过其经济实力获得相传。但是不管多有钱，也没法买到器量。延应二年（1240）的幕府法规定"凡下辈，不可买领买地事"，威胁要收回卖给庶民、金融业者（借上）的土地，即便那些是御家人的私领。因为他们即便具备购买相传的实力，也不可能具有知行御家人领地的器量。

也就是说，从既定秩序来看，庶民就是与"佛物""神物""人物"三者应无关系之人。我想这就是"甲乙人"成为庶民之别称的原因所在。

虽然这话很拗口，但庶民若处在事实上与"佛物""神物""人物"三者毫无关系的时代，那他们也连称作"甲乙人"亦不可得。只有在踏入相传的世界，事实上已经与其建立关系的时代，他们才可能跻身为甲乙人。镰仓后期到南北朝，正是这些"非器之甲乙人"活跃的时代。

被抹消的德政令

言归正传。在以九州地区为对象的法令中，除了振兴神领令以外，还有一条题为"名主职事条条"的著名法令。根据村井章介氏的研究，这一法令以恩赏在元日战争以及之后的异国警固役中被动员的本所一元地住人为主要目的，通过幕府的下文认可其保有的名主职，从而产生了大量新御家人。而且，作为幕府认可对象的名主职不限于当前知行的，在二十年以内因出售、抵押而失去知行的名主职也依法收回并给与认可。

此外，幕府还命令守护调查散布全国的将军领地的现知行者名单以及其收获分配内容，并制定法律，从以购买等方式而知行将军领地的非御家人、庶民手中收回这些领地。

弘安七年（1284）到弘安八年仅仅一整年间，安达泰盛主导的幕府政治马不停蹄地推行这种以裁判改革、振兴领地为两轮的德政。尤其是后者，认为这个以佛寺神社领地、镇西名主职、将军领地等特定地域、阶层为对象的振兴令发布之后，不久就向着颁布内容更具普遍性的德政令阔步前行，也没有任何不自然之处吧。我认为，前文介绍的弘安八年十一月京都伏见的卖券中，"当时如披露者"的"新式目"正是德政令。而且这条新法令也和安达泰盛的其他政策一样，因霜月十七日安达一族的灭亡，除了留在这张卖券之外就彻底从历史上消失了。

前文说过，在北条时宗去世到安达泰盛灭亡的一年半间，幕府发布了大量法令。这一说法稍显不准确。正确的是，那些法令的制定时间截止到弘安八年四月，泰盛在世时，没有一条立法日期是五月以后的法令。认为这段时期没有颁布任何法律就太不自然了。合理的想法应是以得宗家臣平赖纲为首的政治势力消灭了泰盛后，将这一时期的法令从历史上抹消了。"当时披露的新式目"也是其中的法令之一。

第七章

前代未闻之德政

从道理到事实

公家法

让我们暂时把话题的舞台挪到京都。在安达泰盛死于霜月骚动的四天前，也就是弘安八年（1285）十一月十三日，当时的京都朝廷之主龟山上皇发布了由二十条构成的法令。这则史料虽然在距今七十年之前就作为《大日本古文书 石清水文书之一》中的一份而刊行于世，但直到最近也几乎无人问津。从它的内容质量来看，这种研究现状很难令人置信，但也有其缘故。从二战前至二战后的一段时间，在镰仓时代，也即镰仓幕府的时代，至后醍醐天皇登场为止，京都朝廷的历史是非常负面的，中世的公家法律引起研究者的注意也不过是最近的事。

不过，极其大略地概观镰仓时代的朝廷法律，即所谓公家法律，就可发现在建久（1190—1199）、建历（1211—1213）、宽喜（1229—1232）年间等镰仓时代初期到中期的立法，虽然包含了一些为了解决各时期政治性问题的规范，但更多的是一些关系服饰、典礼仪式等宫廷内部规章的法规。而且，其立法根底的法律思想，也基本逃不脱律令的束缚。为了让不可改变的律令格式的原则，与急剧变幻的现实能够在法律上达成妥协，这一时代频繁使用古来的法律思想"折中之法""折中之理"，即无法相容的主张、逻辑正中间蕴含着正义。可以说，在幕府根据现实中的道理来制定法律，并通过这些法律调整社会运作的做法面前，公家法律当然就黯然失色了。

后嵯峨上皇院政时代，这样的公家法律历史迎来了一个转机，即弘长三年（1263）朝廷颁布了多达四十一条的大型法典，之后经文永十年（1273）的新制，到《弘安八年法》颁布，其与前中期的公家法律迥然不同了。哪些地方不同，如何不同？较之法理的内容，我认为反而是法律的立足点以及立法者的视野不一样。这其实也关乎公家弘安德政的本质。

土风

首先看《弘安八年法》开篇第一条"可停止以寺社领寄附他社他寺及人领事"。该条禁止寺院神社领地的知行者擅自将该领地捐赠给其他寺社或者俗人。其法意内容后文即将提及，此处我们关注这条法令中插入了一句意思相当奇妙的话：

> 取制于土风者，还有烦新符敕，近以宽元以后，宜
> 为其鉴诫。

土风这个词，在"早任土风之例，可致加地子并杂役之勤（应尽快按照地方惯例，交纳加地子以及服杂役）"这些例子中是表示各地习惯的中世词汇。所以上述文章的大意是说，"没有道理要顾忌各个地方的习惯，就依照宽元以后（后嵯峨上皇时的成例）一律施行"。表面上，立法者像是否定了"土风"的价值。但是，如果立法者没有把"土风"放进眼里，不考虑应对手段，当然也不会在法文中载录这样奇怪的辩解文辞了。事实上，这样的例文绝无仅有。虽然我们无从知道"土风"的内容，但不管怎么说这是个值得注意的表达。

让我们再来看第五条：

> 父祖让可用后状，时宜又同上。

这一条就这样简单明了的一句话，意思是如父母修改转让文书，则最后的那份文书，即后状有法律效应。但是在这样简单的文章背后，有一段漫长的前状、后状争论。

前状、后状论争

中世的法曹家，就是所谓的明法家，有坂上氏和中原氏两家。他们围绕明法博士地位，或者就律令法学上的问题固持各家解释，尖锐对立。关于继承文书是前状有效还是后状有效的问题，两家意见也是各异。

此法令颁布近二十年前的文永四年（1267），当时的明法博士中原章澄，为回应德大寺实基（此人后文还要提到）的咨询，就公家法律上的十六个问题表达意见，留下了题作《明法条条勘录》的著作。有执笔能力却让他人代写，自己仅签字画押的转让文契是否有效？不识字的庶民在别人代写的转让文契上按了个"异样的押印"，这样的转让文契能否算数？该书的内容大致如此，每一条都是很有意思的史料，但其中最出色的是第一条"父母之让前后状之事"。

中原章澄仅在此条里，就列出了全书三分之一左右的文字，而且行文和其他处不同，是不像冷静法学家的高八度的文风。根据利光三津夫氏的研究，其理由如下：

章澄有两大论敌。对其中之一的坂上氏的前状有效论，他采取无视的态度。其主要的论敌反而是同为中原氏却采取前状有效说的中原章职、中原章国一流。

他们的祖父中原章直，把今后中原氏一流必持前状有效说的遗训写进起请文供到了北野天满宫神前。但是，他们违背中原氏原本的祖师之说而倡导异说，那么把誓文献在神前又

有何益呢？发誓人中原章直不走运，明法博士的地位被弟子
抢先占走而尽失前途，不就是明证吗？

　　章澄就这样把无关本论的一通嘲讽泼到前状派头上。前状
后状之争，与公家社会法律专家集团内部的俗气政治争斗连
在了一起。

时宜

　　不过，对于这个问题，幕府的态度则是明确坚持后状有
效说，而且是在充分意识到公家法中的异说之下坚持这一点。
前面已经提及，幕府在包括女子继承、取得认可文书部分等
问题上彻底坚持后状有效说。

　　以这种情况为前提阅读《弘安八年法》第五条，则一个
极其有趣的事实从仅十二个字（父祖让可用后状，时宜又同上）
的条款中浮现出来。"可用后状"，即是以后状有效论的胜利
为漫长的争论画上句号，这一点自然很重要。不过更加值得
注意的是，此派获得胜利的理由。该法条本身如此述说最大
的理由："时宜又同上。"

　　"时宜"和今天日语中的"辞仪"原本是一个词，虽然有
各种各样的用法，但一般来说是表达"符合当时情况的合适
做法"的中世词语。就这一条文而言，它的意思应是依照现
实社会中通行的，或者说是理应如此的继承模式，后状有效
说是合适的做法。这种"时宜"意味着幕府法律确定后状有

效说以后，它作为社会习惯正逐步固定下来的事实。

土风、时宜，由这两个词象征的《弘安八年法》，拥有与过往公家法不同的气质。是要让法律接近现实，还是用法律改变现实？不管怎么样，立法者的着眼点朝向了宫廷之外的现实，并且因应现实而制定法律。用之前的表达方式来说，这是从"道理"到"事实"的转变，它定下了世间称公家弘安德政为"前代未闻的御德政"的基调。

恢复领地政策的法理

一旦执务人

那么，关于《弘安八年法》的内容，特别是迄今为止被当作问题来讨论的，作为恢复领地政策的德政蕴含了何种法理，答案在第二条：

> 诸社诸寺一旦执务人，以彼领称别相传，及不虑之传领，如此之地诉讼出来者，被寻究可返复寺社事。

这条法令首先把神社、寺院实质上的支配者神主、别当定义为"一旦执务人（一时的管理者）"。这个称谓对那些傲慢的中世圣职人员怀有不快之意吧。他们称原本的佛物、神物是自己的"别相传"（拥有很强的特定继承性质，不许他人插足的领地），神不知鬼不觉地将之出售或转让给无资格之人。现在只要有人提出诉讼，这类领地就要返还给寺社。也就是说，这条法令的宗旨是要将那些非法变成僧物、人物的"物""回归"为其原本应属的佛物、神物。我想诸位现在很容易理解这个意思了。

有几份日期为弘安八年（1285）八月，即《弘安八年法》颁布三个月前的东大寺报告（注進状）抄件，保留在东大寺文书中。文书的内容是东大寺以令制国为单位，汇总原属寺领但现在因故未占有的领地上报给朝廷。

我们看一下其中作为东大寺根本据点的大和国的情况。此国之内，写下庄名的旧东大寺领达三十多个，其中有的庄园是东大寺的下级吏人前往当地催纳年贡的途中犯下伤亡之事，因罪而被对方占走的（当然这是东大寺的说法），但绝大多数是因以下理由而流失的庄园。也就是说：

> 自一代院主之手，称买领之国中甲乙人等领知之，无当宗管领之分。

如果把"一代院主"替换成"一旦执务人"，把"称买领之国中甲乙人等领知之"视作"不虑之传领"的具体表现，那么一目了然，这和《弘安八年法》第二条所指的情况完全一致。此处列举出来的庄园，甚至包括平安时代就已经脱离东大寺管控的地方。而且，那绝非因他人非法强占而失去的庄园，因为东大寺自己也承认它们是通过相应的合法手续进行的所有权转移。要言之，这张报告的逻辑就是把像僧物一样出售、如今落入"甲乙人"手中作为人物而领有的土地还原为原本的佛物。

粗制滥造的根据

如前所述，就像报告称"其例甚多"一样，这样的"回归"现象在中世社会绝非反社会常识的不自然的物权移动。但是，东大寺把全国范围内的未知行领地一口气上报，甚至还包括古远时候的部分，意图收回这些领地，则无论是在什么时代都不会是普通之事。

关于庄园三重庄，东大寺在伊势国部分的报告里这样写道：

> 确实能够证明该庄原属东大寺领，为何被"颠倒"（事物倒转＝失去所领，与之相对，恢复正常＝力行恢复原领之事），其由来并不清楚。

而对于尾张国的五所庄园，则是"这些庄园虽是天平胜宝四年（752）东大寺大佛开眼那年，承圣武天皇捐献之敕而施入的所领，但不知为何被颠倒，如今谁在掌管也不知道"等。

这种粗制滥造的不可靠根据，在一般诉讼里是不可能行得通的，在通常追讨单个未知行领地的诉讼中也不见这样写的例子。关于这些庄园，东大寺的根据只有这些庄园过去属于我这一个历史事实。

只靠"因为有这样的旧例，所以……"这种一般性条件的"回归"请求，让人完全无法理解，但其背后必然存在某一权力有意识创造"旧例"的政策。

由于缺乏更多明确的史料，我们无法断定公家弘安德政的起点是什么时候，不过朝廷应是紧盯着关东的各种政策，从弘安七年秋天开始，将上述理念具体化为各政策。其结成法律果实，则仍是在弘安八年秋季以后。

弘安八年七月，朝廷对常陆国下达了旨在收回旧国衙领地的院宣。不清楚这一措置是否是不限常陆一地的全国性措施，但在法律上，它的内容与几乎同一时期的幕府实施的关东御领、镇西名主职振兴令可谓正相反，甚至被赠送给"武家被官辈（关东御家人）"的旧国衙领也作为收回的对象。京都周围的文书中频现"将仰德政之严重"、"粗如承及者，德政之最中"之类语句，刚好就是在幕府的德政因霜月骚动而受挫之时。

别相传

让我们回到《弘安八年法》第二条，略微深入探讨一下公家弘安德政令的法律特征。此条法令说，对于寺院、神社来说不过是"一旦执务人"的人，称寺社所领为个人所有物而擅自处分，用非常通俗的比喻来说，就是公司里连股东也不算的高级经理擅自抛售公司财产，或者把财产划到自家名下。此条内容就是要取回公司的财物。

　　然而，如果是今天的话，法人的财产和个人的财产，至少在法律上是明确区分的。但是在中世，两者的界限非常模糊。这里的模糊还不仅仅是当事者之间的主观认知，或者事实判断上的模糊，而是说它在更深的层面具有谁也不能分清黑白的模糊性。这就是"相传"的作用。

　　前文已述，中世得以支配"物"的正当性根源之一就在于相传。如果全面否定它，那么国家组织、土地所有的秩序都会应声崩塌。所以相传本身具备的正当性是谁也不能否定的。

　　国家的法律把寺院别当、神社神主的职务定义为"一旦执务"。这个词汇一般还被表达成"迁代之职""一代之职"，即限于一定期间内，或仅限该人一生之物。

　　但是，那些被如此责难的人会心甘情愿地接受自己就是一定期间的管理人吗？完全不会。他们肯定会主张自己领有的职位是"永代之职""相传之职"。国家的法律定性他们是"称别相传"，并将寺社所领非法处分。他们正是声"称"别相传。"称""号"等动词，不仅是空口无凭的主张，在中世语言里，"称""号"是表示其主张里存在客观的正当性依据。别相传正是他们正当性的根据所在。

所职的相传

这是文永元年（1264）的事情。有一名女性继承了醍醐寺善成佛院的领地摄津国野鞍庄的下司[1]职，要派遣代理人赴任确保对当地的知行。但是，善成佛院先一步派遣使者前往当地，命令当地的乡老（沙汰人百姓）：若未携有善成佛院发给的下文，即便下司的代理人前来赴任也不得理睬。不要给他们提供粮食，早早把他们赶走。

也就是说，庄园领主善成佛院不认可当事者之间擅自安排转让庄官之一的下司职，意图依靠实力赶走没有携带"寺家下文"即善成佛院认可文书的新任下司。下司一方对此的反驳文章揭示了当时"相传"的性质：

此类所职在继承之际，需不需要寺家下文？首先按照通例，诸寺院神社的别当、神主把成为自家之物的寺社领让给弟子、子孙之事是"先例傍例在耳在目"的稀松平常之事。如果关于这种别相传领的相传必须要本所许可的话，继承者对让与的原主就不会有感恩戴德之心。证明上述之事的具体例子俯拾即是。说起来醍醐寺领大河国河合庄的领家职，和如今成为争议对象的野鞍庄预所职，是我们醍醐寺的本愿上人（圣心）让与弟子兴福

1　在当地管理庄园的下级庄官。

寺僧侣长心之物。其中河合庄被从长心那里继承此处的僧人售卖，如今都经过了三四代。而野鞍庄预所职也由长心那里传了四代，每逢继承之际"寺家下文"等都不曾成为问题。更别说这一下司职是从善成佛院的前代院主那里获得禁止后代院主干涉的别相传领。此类所职继承之际，完全没有必要得到院家的许可。

法律根据

这里有两个不能忽略的论点。其一是该下司指出了寺社领被仅为"一旦执务人"的别当、神主自由处分转让的现实。

其二是在本家职、领家职、预所职、下司职这些上下排列的所谓职的体系中，上级职所带的性质会波及下级职并使之同质化。如果"相传"在领家职上安全有效的话，那这种有效性必然也会传到下司职上。领家职的所有者主张自己的职可以自由转让并且这样操作，那么不久就必须承认下司职也可如此；如果下司职能这样，也许就不得不承认百姓职、下作职[1]都可以一体遵行。以相传为轴的社会秩序就完成了。

《弘安八年法》规定的"一旦执务人……及不虑之传领"，就简洁地表明了这样的社会现实。于是，法令命令把这些土地还原到原有寺社主人手中。确实，这就是德政。

1　直接耕作土地者的获益权利。

但是，这条法令里面将当前知行者以正当手段入手的所·领·收·回·并还原到寺社手中的法律依据，究竟在哪里呢？当然，前文解释的"物的回归现象"这个一般条件，佛物归佛、神物归神的原则，自然是使德政令可能实施的首要条件。不过，这条法令还将此法独特的逻辑巧妙写入原文仅四十个字的法文之中。那不是别的，正是"一旦执务"四个字。

永代之职、迁代之职

永代之职

毋庸赘言，现代日本的官职全都是"迁代之职"。甚至连"一代"也不算，一纸调令下来，即便不愿意也必须移职他处，要是闹出丑闻来就立刻丢掉官职。不仅是官职，就连私人企业的职位，也很少是想赖多久就赖多久，且能选定自己喜欢的人为后任等。即便偶尔有那种事情，那也和"职"的本身权限无关，而是全然不同的原理，比如是资本之力造成的。

至于当今的"永代之职"，我们首先想到的是天皇这一职位。都不消去看宪法中"皇位世袭"的条款，我们也知道它不可能是"一代"或"迁代"之职。不过,虽说它确实不是"一代"之职，但和中世的"永代之职"也并不一致。今天的皇位是按照皇室典范规定次序的皇室男子顺位继承，完全不存在现任天皇自由裁量的余地。

与之相对，中世的"永代之职"是可以由所有者在拥有一定"器量"者中自由选定后任者的"自专之职"。

是永代还是一代

但是，中世的某个职位是永代还是一代，由谁基于何种基准来判断呢？这种判断当然不能依照职位名称来简单进行，如地头职就是永代世袭、预所职就是一代等。简单好懂的例子是镰仓幕府的守护职的情况。如"守护职乃上古之吏务（国司）也"所示，它原本是官职，也就是迁代色彩浓厚的职位。但是，也不是所有的守护职都是如此。

在镰仓时代初期的承元三年（1209），幕府就东国守护，调查其担任守护职时的根本凭证也即下文的发给情况。这个时候下总国的千叶氏、相模国的三浦氏等关东数一数二的大豪族回答说，自己是基于自源赖朝以前的时代就在各自国中拥有的特殊权限而受任守护职的，没有下文之类的东西。尤其是下野国的小山朝政夸口说，小山氏自先祖藤原丰泽、藤原秀乡以来作为下野国押领使[1]而负责一国治安，有十三代、数百年的源流，自己继承家主之际得到了源赖朝的安堵下文，但因为不是将军施予的新恩，所以不带任命文书之类的。此

---

1 9世纪末朝廷为镇压群盗而在诸国设置的武职。

后直到镰仓幕府灭亡，小山氏一直世袭下野国的守护职。这种守护职当然不可能是"迁代之职"。

也就是说，永代还是迁代并不是守护这一职位类别决定的，而是很大程度上由各个具体职本身的历史、渊源所左右。而且，中世不存在按照何种渊源就是永代，只具何种渊源就是一代的客观性标准。所以，很多职在称"永代之职"者和号"不过一代之职"者之间摇摆不定。

中世社会的规矩

不过，虽说如此，也有数条调整这两种对立主张并使之稳定的社会规范，也就是可称为中世法的规矩存在。

其中，与当前问题深刻关联的就是"迁代之职中不能派生出永代之职"。更简单地说，那就是"自身只是居于迁代之职者，不能成为永代世袭之职的担任者"这一法律思想。

例如，文永年间（1264—1275），六波罗探题的法庭。面对地头代理人以历代东大寺别当的充文为证据，声称某处庄园是地头请所[1]的正当性主张，东大寺的杂掌贤舜提出以下反驳：

> —任迁代的别当所发充文，没有永代文契的价值。

---

[1] 也称"地头请"，指镰仓时代地头从庄园领主手中承包一定数量年贡的制度。地头由此获得庄园的实际管理权。

就算那张充文上写着"永代"二字，一任迁代的充文也无法证明永代。

弘安年间（1278—1288），当时奈良七大寺之中，寺领流失最为严重的西大寺的新任别当乘范，以私力恢复流失的寺领。在此之际，他如此述怀：

我心中的愿望是此番恢复的寺领将来永代不失。不过居迁代之职（别当）的自己，用"永代"这个词恐怕不合时宜，故要避免用它。即便没有永代这个词，未来也永久不会流失吧。

此外，延庆二年（1309）幕府的判决文：

原告主张因为它是迁代之职的国司的免状，所以不能成为证明永代不变的文契。但是，本案中现任国司没有改变前任的决定，没有必要讨论永代迁代的问题。

对于"株式会社"中"式"字来源的"职"这个字，其含义是偏重官职，还是偏重经济性收益权，自古以来就是学术界的一个争论点，到现在也意见各异。但不管怎么说，不论是经济上，还是政治社会上，它肯定是中世社会秩序中的一个指标。人们自觉将职分成永代、迁代两类，而且迁代之职的所有者通过法律行为，例如充行、让与、赠与、买卖等结果而就任、获得承认、买得的所职绝不可能成为永代自专之职，是中世社会的一个规矩。

永代产生永代

不过，这个规矩对中世社会，也即"职的世界"带来多少实际效果呢？其中一个方向是无限否定的道路。如前文所述，客观意义上的永代之职极其少见。所以，许多"限永代卖却""永代让与""永久充行"的所职的永代性，只要其中一个崩溃，那其他的永代性就会连锁性地崩溃，被不费吹灰之力地逐一否定。但是，这一规则反过来使用，就会出现肯定产生肯定的结果。因为要主张自己所有的职是永代的，就必须承认职的任命者、认可者、出售者、让与者这些人的所职都具备永代性质。如果这些得到承认，他们对其他人施加的法定行为，理所应当地也必须被认可具备永代不改的性质。这就是永代产生了永代。

中世社会的职逐渐朝着永代自专的方向发展，在所谓职的向心性上出现了一定的稳定状态，我觉得其理由之一就是上述第二种作用的结果。

话题要回到《弘安八年法》第二条上来了。这条旨在实现佛物、神物回归的法令的法律根据就是上述规则本身。这一点已经无需解释了吧。正因"从迁代之职中不能产生永代之职"，朝廷就否定了始自"一旦执务人"出售、转让领地而开启的相传的正当性，以该原则为物的回归的正当性背书。对于这个国家的法律来说，这种做法是理所当然的。

弘安礼节

路头礼

《弘安八年法》立法的次月即十二月，治天之君[1]龟山上皇的院评定，决定发布由"书札礼""院中礼""路头礼"三部分构成的公定礼仪规范。这个后世称作"弘安礼节"的礼法延续很久，直至中世末期。为什么在弘安德政最高潮时，朝廷要制定这样的礼法？我们先概括其内容。

三礼之中，书札礼意义重大，提起弘安礼节仿佛就是提它。不过这一条后文再述，我们先看院中礼和路头礼。这两种礼规定了人们在院御所内部，以及在京都街头碰面时致意的方式。

比如说，在街上，乘坐牛车的亲王与大臣（也包括大纳言、中纳言）一行撞面了该怎么办？一般做法是双方停车，骑马的仆从下马，接着大臣让出道路，亲王方面的仆从则下马牵

1　在中世院政体制下实际主持朝政的上皇或天皇。

行通过、亲王的牛车通过，然后大臣一行重新整队。同样遇见亲王，若是藏人头以下的殿上人，则本人必须下车；如果是地下人（无上殿资格者），四位之人要下车蹲踞，五位以下则鞠躬目送。遇见亲王以下的大臣、大纳言等也各有规定。这一规定反过来用，比如最下位的大外记、大夫史一级的官吏，遇见大臣以上的人必须下车鞠躬，遇见大纳言、中纳言则只需下车，遇见参议要将牛解开，遇见藏人头只需要停车就行。

要而言之，这是根据双方现任官职而规定礼节的法令。

礼仪冲突

当然，这样的礼法自古以来就习惯性地通行，无视习惯而发生的冲突也不少。比如《平家物语》中记载，平重盛之子平资盛不过是越前守，但遇见摄政藤原基房的参内行列没有下马而是想穿过去，结果被对方从马上硬拽了下来，其祖父平清盛怒而报复藤原基房。后代也有这类故事，《太平记》记载土岐赖远碰到光严上皇行幸的队列，不但不下马，还嘲笑他是狗。这一故事作为此类事情极为著名，想必很多读者都知道吧。

下面这个故事没那么有名。据《吾妻镜》记载，建久六年（1195），源赖朝为东大寺大佛的开眼供养而前往京都，路过近江国濑田桥时，不知该对前来围观将军行列的比叡山僧徒采取什么样的礼仪，最后就派遣使者晓谕僧徒"按照武将之法，在这类地方没有下马的规矩，所以行列会骑着马通过，敢请列位莫怪罪"，然后不等对方回答就径直通过了。这段记载描绘了贵族出身的源赖朝的犹豫、身为出羽国御家人却自幼生活在京都的使者橘公业的得体举止、心里暗想看赖朝笑话但最终"平伏"目送的比叡山僧徒。我们不知道这些多大程度上可信，但它是足以一窥公、武、圣三方各自应对方式的史料。贵族日记之类的史料中记载了更加日常且多在感情范围里处理的冲突，但不管怎样，弘安礼节就仅以现任官职的上下关系为基准来简单处理这一礼仪。

并且，这一原理在可谓弘安礼节核心的书札礼上得到更加强烈的贯彻，官职上下与礼节厚薄的关联，被细致入微地组合在一起。

书札礼

此处就所谓的书札礼十分简略地解释一下。现在我们给上级、长辈写的信，措辞总是比给友人的信礼貌一些，但也没有什么硬性规定。现在绝大部分事情都通过电话联系，书信只有贺喜、吊丧或者某些问候信之类的，它们的格式固定，略微破格也不会被人斥责吧。

但是在中世，书信格式是显示写信方、收信方之间社会性尊卑关系的可视化象征。按照人性通例，大概没有人因你行文过于恭敬而发火，但反过来的话就会立刻被对方视作重大侮辱。

南北朝初期的贞和二年（1346），将军足利尊氏派熟悉武家社会掌故的二阶堂成藤，前往当时首屈一指的掌故学者左大臣洞院公贤处，询问自己给亲王（久良亲王）、关白（二条良基）的书信中的书札礼。公贤答说，文治年间有源赖朝的旧例，效之如何？尊氏回问说，不是很清楚赖朝的例子，还是要请您指导现在该怎么办。

公贤思考一晚，第二天拟出格式，其中对于亲王的书信格式是：

……尊氏恐惶谨言

进上　某少将殿。

对关白的书信格式则是：

……诚恐谨言

进上　二条殿

人人御中

公贤对此加以说明：

在弘安礼节里，大纳言（当时足利尊氏是正二位、前权大纳言）对亲王、关白的书信格式虽然同格，但是也有口传下来的礼仪规矩说，不应混淆人臣与王胤，故加以区别。也许您会觉得对关白用"诚恐谨言"这一词汇过于郑重，但近来大臣对关白也常常这样写，您虽是将军，但官职还是大纳言，自然也应当这样写。

公贤还把平清盛、源赖朝写给九条兼实（右大臣）的书信抄了一份附在信中，以作参考。

尊氏的立场

足利尊氏与洞院公贤二人这番交涉的关键点，在于如何在书札礼上表达尊氏的地位：他在律令官制上虽只是大纳言，但另一方面又是号令天下的幕府首长。尊氏和他的近臣不可能不知道大纳言所用的书信格式，恐怕也懂得赖朝时的前例。但是，他们不想沿用大纳言身份者的一般格式，以及格式颇为郑重的赖朝时的先例。

那怎么办才好呢？没有任何依据地开一个作为将军的新例（镰仓幕府时的皇族将军不能成为因循之例）如何呢？尊氏又没那样的自信。于是他们就把包袱甩给了每次都求教的公贤。公贤没有上当。对于尊氏来说，公贤这则"因为你是大纳言"的回复肯定不会让他满意。

实力天下第一的足利尊氏在书札礼上都要这样斟酌，而且仅从此例我们就可以想象出，书信礼就是发信人地位的象征。

礼仪的三要素

书札礼有三个主要要素：

1. 放在书信正文最后的固定文辞，即结束用语。有"谨言""恐恐谨言""诚恐谨言"等。另外如前面尊氏的例子所示，也有在其前加上自己名字的更郑重的形式。

2. 在收信人姓名前加的敬语。从不加，到"谨上""谨谨上""进上"等。

3. 收信人姓名又分直书其名，以及更郑重地用其家司名、坊官名等指代两种。

除此之外还有种种要素，例如署名下的谦辞、写在收信人姓名一侧的敬语，乃至同样的尊称"殿"也有楷书与草书之别等，但主要是由上述三个要素来确定礼节轻重。中世人必须衡量自己与对方之间存在的各种社会关系，例如地位、门第、师徒、长幼、男女等，选择一种合适恰当的书札礼。从这作为礼节留传后世，就足见它是比声音、动作礼仪等更为深层次的礼法。

因此，此节主题的弘安礼节中，书札礼将以上三种要素巧妙结合，组成了实际上很精密的图式。书信格式以发信人的身份归纳而成。也就是说，它罗列了自大臣到下北面武士的世俗之人、自僧正到从仪师的僧侣写给各个人的书信格式。

比如五位的殿上人给大纳言写信时，要以"某诚恐谨言"作结，并使用"进上"的敬语，但若写给中纳言，结束用语就降一格变为"某恐惶谨言"。

此处没有余裕对这些礼节——说明，不过这一图式在机械的统一性上添加了文学性的细微之处，比如说"进上　恐惶谨言"等看上去很普通的组合，却只用在六位的下北面写给五位的上北面的场合。所以如果这一规矩被原封不动地遵守，我们今天应该就会承蒙恩惠，对于当时贵族、上流僧侣之间的来往通信，仅从书信格式就能大体判断发信人、收信人的身份了。

否定相传

这样，弘安书札礼的核心就是完全以现在的官位秩序规范发信人、收信人之间的礼法，并且将其固定。无论是出身何等权门势家，只要在官位上比对方低一级，就必须使用相应的礼节。这就是原则。

在此之前的习惯性书札礼基于什么样的原理呢？实际上，这方面的研究不足，实貌并不是很清楚。极其笼统地说，除了在弘安礼法中作为唯一立足点的以官位为媒介的人际关系以外，以"相传"为媒介的家族间关系也占了很大比重。比如说，同样是中纳言，有人是摄关家的子弟，不久会升到大纳言、大臣，有人的出身门第低微一些，升到中纳言就封顶，则写给两者的书札礼就有厚薄之差。更不用说如果存在主家、臣下之家那样的上下关系，其礼仪区别当然一目了然。

《吾妻镜》记载，北条泰时还是乳名叫作"金刚"的小孩时，有位御家人遇见他却没有行下马之礼，源赖朝听闻后大怒："礼不可论老少，且又不据其人欤？就中如金刚者，不可准汝等傍辈"，并将犯事人的领地没收了。这虽是武士社会路头礼的例子，但却充分显示了礼不是以个人身份而是以其门第为起点来衡量。

也就是说，在中世社会中实际所行的礼，不是像弘安礼节那样仅以当时的关系来确定，而是立足于此前漫长时间内涉及两方的过去关系，也就是家与家之间相传下来的关系。所以，以现任官职这一瞬时的人际关系来规范一切的弘安礼节，试图否定在礼仪世界里的相传关系。

顺位

另外，我们还不能漏看一点，弘安礼节对处于位阶、官职以外，持续受到信仰层面厚礼相待的僧侣、神官也设定了以世俗为基准的顺位。弘安礼节刚制定好，顺位被定为"地下四位诸大夫"的石清水八幡宫神官就对此强烈反对，立即提出异议。要言之，他们认为这是违背以往习惯性礼法的不当待遇，自己不该算"地下"而应相当于"四位殿上人"。并且他们最大的论据就是从鸟羽院政时期开始，上皇颁赐给他们的院宣等文书所用样式。

　　书札礼看似仅仅是私人书信的礼法，但实际上绝非如此。众所周知，纶旨、院宣或是御教书等系统的文书，是家臣受主人之命以奉书格式起草的文书，如它在古文书学中被称为书札样式文书一样，原本就源于书信。因此此类文书在礼法上，原则是以形式上的发信人家臣与收信人之间的关系来决定。比如说，即便是那个专制君主后白河法皇下达的院宣，如果奉者只是一个弁官，也有可能必须要用"进上 诚恐谨言"那样最大限度的厚礼。而且，这种院宣、御教书系统的文书取代了宣旨、下文等纯公文，其作为公文的功能得以扩大。正因如此，书札礼对于生活在中世社会的人来说，是不论圣俗的任何人都丝毫不可轻视的问题。

　　石清水八幡宫的神官没有拿出单纯的书信，而是以院宣作为证据文书，而这就是一件强有力的武器。第二年二月，他们很快收到改订其顺位的院宣。

　　这么看来，初看之下与德政毫无关系的弘安礼法，明显具有在弘安德政最高潮时订立之政策的意义。如果用略微夸张的说法，那就是朝廷意图通过否定相传这一武器，将已经家产化的礼的世界，置于一元化的国家性统制之下。可以说，这和朝廷的领地政策，即否定以相传之力从迁代之职派生出永代之职，基于完全相同的原理。

第八章

人烦与国利

实基奏折的精神

太政大臣实基

让我们把时间再上溯十几年。

那时候，后嵯峨上皇始自宽元四年（1246）的漫长治世还在继续。这个被后世敬仰为"宽元以后""后嵯峨院之圣代"等的政权，确实为在承久之乱中遭受重创的朝廷权力之中世性重生助力甚多。在这个时代，有一位骨鲠而有个性的政治家名叫德大寺实基，是德大寺家[1]第一个荣升太政大臣的人。也许读者还记得，前一章提到的中原章澄《明法条条勘录》

---

1 以藤原公实的儿子藤原实能为祖的家族，与同出公实一门的三条家、西园寺家一起在门第上仅次于摄关家，出生此族的人一般能升任近卫大将、大臣，最高能担任太政大臣。

一书，就是应此人的咨询而撰写的。关于此人的为人及见识，泷川政次郎、多贺宗隼两氏在二战前已经注意到，多贺氏还特别从政治思想的观点介绍了下文涉及的实基《奏状》。

不过，说到德大寺实基，更著名的事情还是《徒然草》里的两则逸闻吧。他儿子德大寺公孝作为检非违使别当主持部门内评定会议时，一名下属所乘坐的牛车上的牛突然闯进来，蹲伏在会席之中。诸人都把这桩"事件"当成"不得了的怪异"，要把牛牵到阴阳师那里，以躲过某种未知灾厄。听闻此事的实基说："牛又不会像人那样懂事，既然有脚，走到哪里去都不足为怪。没有道理为这点事就收走检非违使厅穷吏人的牛吧。"于是就只让人换掉了弄脏了的垫子，后来也没有发生什么"凶事"。

另一件事也异曲同工，说是建造龟山殿的时候，挖出了无数大蛇盘踞的蛇窝，有人说这是"此地之神"。于是天皇询问该怎么办，大多数人都反对挖掉这个蛇窝，唯独实基认为住在王土上的虫豸不可能在建造皇居时作祟。即便是鬼神也不会无理降灾，把这些蛇一条不剩地丢掉就行。朝廷采纳实基之议，把蛇丢进了河里，结果也没有什么特别的祟端。牛的事情暂且不论，如果发现新房地基上有一群蛇，就算在今天，也会有人想做点法事来消灾辟邪，更不要说在 13 世纪的时代。断言"只是丢了就可以"需要相当大的见识。

他的思维模式的基础是"牛既然有脚，走到哪里去也不足为怪"这种彻底的合理主义，以及君临于包括"虫""鬼神"在内生于王土的一切事物之上的王权至上主义。我们从这两则故事可以充分想象到这一点。

奏状十四条

具备这样思想的实基，留下了应后嵯峨上皇下问而回奏的十四条"奏状"（成文于文永二年至九年间，即1265—1272年）。应实基的咨询而留下的章澄的《勘录》，以及实基对上皇的奏状能够一并传世是稀有的事例，但这或许不单是偶然，而是文永到弘安年间公家政治的特异性所致。这一点暂且不论，该文第一条、第二条毫无保留地发挥了他思想的本来价值：

> 振兴神事。此事固然很要紧，但必须在不招致"人烦"的前提下实行。心不诚，给多少供品神也不会悦纳，因此也不允许为振兴神事而加重赋税。（第一条）
>
> 绍隆佛法。此事当然也放松不得，但必须在充分考虑"国利"的基础上施行。大体上今天佛法衰微是僧侣修行不足所致，即便靡费国帑去修复寺院，也无益于佛法兴隆。（第二条）

最近对此史料进行解说的佐藤进一氏指出，第一条中后嵯峨上皇咨询的恐怕是振兴神事的具体办法，但实基没有正面作答，反而提出不招"人烦"是条件，阻止了振兴神事，而第二条也是同样的想法。确实如此。实基在第一条末尾处的"此外，如果发生关系到神领的诉讼，应该依照道理，迅速审结……"这样似乎略有抱歉之意的文字，就是这一点最重要的证据。

人本主义

从今天的社会来看，这一点或许算不了什么。但在中世那个宗教社会中，而且是在国土遭受异国威胁、人们最想要祈求神威庇佑的时代，出现能够上奏如此见解的贵族仍是一件值得惊叹的事情。断言牛哪里都会去、住在王土上的蛇虫不会对皇居作祟的精神，在这张奏折中结成了要将"振兴神事"置于"人烦"之下、将"绍隆佛法"置于"国利"之下的瞩目政治思想。多贺氏指出这种思想立足于以"儒教政治思想"为基础的"彻底的人本主义"，其背景是当时的公家政治总算开始注意到"民众的生活"这一事实。

当然，实基并无意否定振兴佛神事本身。但是，此事应该在其原来的应有状态，也就是在精神世界里进行。在现实中，就不要给予寺社物质上的花费，并严明僧侣和神官的宗教纪律，也就是近乎只出声不出钱的方针。这明显是与宗教界假借振兴佛神事之名，实际上扩大僧物的想法完全相反的主张。

这样特别的上奏，在实际政治上能被吸取多少，恐怕要打一个问号了。通读十四条上奏文，可以看到实基在第一、二条以及最后两条"可得人致理事""依诚信速有天感事"这些具有思想性的条文里长篇大论地展开论述，但另一方面，在"位职田有名无实，群臣俸禄何为"等寻求具体政策的咨询中只给出了敷衍了事的无意义回复，有一种奇怪的不协调感。所以，这张奏文能够具体执行的可能性应该很小。

不过，只从政治思想来看，实基的想法肯定为十余年后达到最高潮的弘安德政发挥了前驱性作用，特别是在以"人烦""国利"优先、由国家制定教团修行规则等主张中体现出来的管制教团等要点上，其对德政政策的影响不小。

寄沙汰者、受托者

石清水社十七条

继续回到弘安八年（1285）。

在《弘安八年法》立法的同一天，朝廷向石清水八幡宫传达了十七条法令。《弘安八年法》是普遍施行的法律，而这仅以石清水八幡宫这个神社为对象，包含更加日常性的规范。但其立法精神当然和八年法是一样的，一言以蔽之，就是强化王权对寺院的管制。其思想上也是德大寺实基奏状的延伸，是将弘安德政的一个侧面具体化的政策。内容大体有三部分：

第一部分是为保持山上神域清净的禁止类条款。除了禁止携带武器、砍伐山木、开拓新道、女子居住僧房、养马等，它还禁止蒙面异服之辈在神社周围胡作非为、参拜之人高声念佛等，对维持社内外秩序做了细致规定。

第二部分是对社务、祠官等石清水社内的管理层人员定的纪律。以限制出仕之际随行供人数量为首，它禁止私生活奢侈，以及女子、遗孀知行前述别相传的不担神役的神领等，不过其中有一条颇有意思：

> 祠官从人中，有人违背历代侍奉的主人，成为其他祠官的随从，围绕此事，寺社境内暴力行为纠纷不绝。往后禁止一切更主行为。

寺社内的主从关系

在原本是佛陀面前一律平等的僧侣集团中，以法脉相承为轴产生了师徒关系，而这在一山寺院、门流内扩大成了纵向关系。根据黑田俊雄氏的研究，在镰仓时代末期，因与六波罗探题的士兵斗殴而要到六波罗出庭时，延历寺的僧徒必须得到"蒙恩顾"的各寺院住持的承诺。这是展示住持与僧徒之间结成"基于住持这一门阀性权威而产生的臣属关系"的一则好例。

此例虽然是室町时代中期以后的情况，但醍醐寺内的各坊和其上的院家已结为"被官"[1]关系。所以继承该坊坊主之职的僧侣，就以身为主家某院的下属为条件。原来是某院下属的僧人，为了成为臣属别院的坊主，就必须要向新主提交"放状"这个与原主院家断绝关系的证明。这表明寺院内部以"名为坊的僧物"为媒介，寺院内部形成了相当势利的主从关系。

我们不知道石清水八幡宫的祠官与从者之间的主从关系具体为何，不过从者舍弃"累代之主"而投向新主的目的，无疑是获得这些主人拥有的"僧物"吧。允许寺院内部存在这样以"物"为主要媒介的主从关系，则佛物、神物无疑会快速地僧物化、人物化。可以说，弘安八年（1285）朝廷下达给石清水社的宣旨，在禁止女子支配神物等的同时，严禁从者背叛"累代之主"有其必然性。

寄沙汰

第三部分则是禁止神人"直诉""寄沙汰"：

> 近年石清水神人假借神威，滋扰诸国庄园，且没收公道往来人的行李货物，若有抵抗甚至行凶杀人。应罢免此辈神人，奏明官家，予以严惩。

---

1 被官原指官司的下属，"官"通"管"，后面引申为主从关系之义。

中世有很多技艺人集团，以各自特有的技能服务天皇、摄关家、寺院、神社，并从这些权势者处获得某种特许权利。其中侍奉神社的团体被称为神人，穿黄衣、带白杖的春日神人格外著名。在石清水神宫这里，也有上纳鱼、酒曲等换来认可其制造、销售这些物品的神人，分散居住在各处。

但是，方才的法令所指责的行为当然不是一般的强盗杀人之举。他们为什么能在诸国庄园和天下公用的大路上夺取他人财物？这就是所谓的"寄沙汰"行为。寄沙汰指有某一起诉动机者，比如想要取回讨不回来的债时，自己不做当事人，而将事宜委托给第三者处理（以沙汰寄之）。接受委托（受托沙汰）者之后代替本人完成诉讼，比如催收欠款。这就是中世前期这一特有现象的称呼。

改面

这样，受托沙汰者要在哪里完成委托事项呢？其中之一，当然是通过某处既有法庭的审判。中世的转让、契约文契中，不少都写上为酬报别人替自己打赢官司而将受侵害的领地赠与代行者一部分，或预先约定胜诉之际的报酬条件。这就是所谓的"改面""捐献不知行领地"等常常遭到指责的行为。

在这种寄沙汰中，受托沙汰者一般是比寄沙汰者社会地位更强的人，"在法庭上吃得开"是首要条件，但关东御家人的身份多有不便，所以在检非违使厅的法庭里，他们向日吉神人"寄沙汰"的事情也很常见。在公家、武家以及各种本所的裁判权并存，而且关于诉讼对象之人或财物的裁判管辖权模糊不清的中世前期，这种"改面"委托沙汰的策略是频繁使用的常见法庭战术。

寄沙汰的缘由

但是，前述条款中被当成问题的，明显是法庭之外的寄沙汰行为。在现代，不良金融业者等也常常委托黑社会讨债，形态上与此几乎一致的委托沙汰，也假手山僧、神人在全国范围内进行。

列举宽喜三年（1231）接朝廷宣旨而发布的幕府法律中所见山僧、神人受托沙汰的具体样貌，可知他们以接受对方捐赠不知行领地的形式受托沙汰，打着"神物""佛物"的名义侵略庄园、家宅，甚至闯入一般民宅强行收取受托的债权，而且扣押运送途中的庄园年贡等，在都市、农村、道路、水路航道等各种地方旁若无人地横行其受托沙汰之行为。

这里有两个问题，第一就是孕育出寄沙汰行为的社会要因。首先，没有寄沙汰者——不如说是不寄沙汰就无可奈何者吧——这一行为就不会存在。他们心知肚明寄沙汰的结果：即便最终能达成了目的，大半成果还是落入作为委托沙汰者的山僧、神人手中，但为什么还一定要委托呢？另外一个问题是，为什么受托者多是山僧、神人？

弘安德政的目标

杂务沙汰

不过，这一时期成为寄沙汰对象的诉讼内容，绝大多数是债权债务相关的事物，用当时的用语来说是"杂务沙汰"。而这个杂务沙汰，正是中世司法制度上的阿喀琉斯之踵。

仁和寺菩提院院主行遍，可以说是凭一己之力在事实上维持中世东寺实体的实力派人物，不过其活动资金多是各方的借款，文永三年（1266）他留下对北条得宗[1]家御内人安东莲圣的大额欠款而去世，债权者逼迫行遍之后继承菩提院的了遍还钱。根据网野善彦氏的研究，这个时候，安东莲圣委托的讨债者就是名为暹寻的山僧。即便是地位如莲圣这样的人，在一般性的官司中也不太容易确保自己的债权不会受损。

前文提到，在《永仁德政令》中，幕府以"不及沙汰"即不受理债务诉讼的形式宣告不保护债权。因此，在平时状态下，幕府的政所或问注所在原则上肯定是受理债权债务诉讼的。但是，在争夺一处庄园领有权这类官司中，而且是大寺社的诉讼杂掌都愁于审判缓慢、苦于筹措滞留镰仓的诸般费用的情况下，为了一点债权而千里迢迢跑到镰仓起诉根本不划算。

幕府处置的杂务沙汰的诉讼史料几乎都没有留下。查检已

---

1 "得宗"指北条氏总领的家系，也即北条氏本家。

知的零星相关法令、先例，很多都限定在镰仓地区，比如有法令训诫镰仓市中的当铺接受年贡抵押、声称隐藏抵押者姓名是"世间通例"，有先例证明镰仓当铺因利息已超过本金而将武士抵押的铠甲作为流当物的做法正当等。这恐怕不是单纯的偶然，实际上暗示了幕府管辖的杂务沙汰范围极其有限。京都的检非违使厅的功能充其量也与此相当。

地方裁判

那么，在远离都市的地区发生的债权债务纷争应该在哪里解决呢？前文已述，借出去的钱要自己讨要，自力救济是其根本原则，而靠自力解决不了的纷争，就只能委托给各地域社会中的地方裁判权力，或者共同体的仲裁人等。

下野国的御家人宇都宫氏在弘安六年颁布了被称为《弘安式条》的法令，规定在宇都宫氏的领地内，10个月的借款利息不超过50%，利息超过本金则抵押物流当等。这表明领地内的杂务裁定由宇都宫氏审理吧。债务人、债权人都在宇都宫领地内就以此解决。但是，同样在下野国，如果小山氏领地内的人向宇都宫氏领地内的人借了钱该怎么办？《弘安式条》在规定利息的那一条木尾这样写道：

向别处人借钱，无论其取何等高利也无从制止。

就像常说的那样，这个时代货币经济、远距离贸易急速发展，地域、政治上越境的债权人、债务人间的纷争增加，很多都无法靠自力救济、地方裁判等解决。而且，本来应管辖这些纷争的公家朝廷、幕府，也没有发挥其裁断的作用。

社会必要之恶

为了填补这一空白，寄沙汰就作为社会的必要之恶而产生了。陆路、水路上出现很多作为山僧、神人等寄沙汰的场所，就说明了这一点。他们等候在这些地方，"点定"也就是私自扣押，强夺财物。

那么，为什么这些山僧、神人以及山卧等辈，多成为"受托沙汰"的人呢？

就像他们将受托的诉讼对象物称为"寄附之神领""供用之物"所明确显示的那样，其中的一个理由是请他们代行，就可以将诉讼对象物从人物变为佛物、神物。山僧常常将自己借出的款项当作"日吉上分物"，也就是日吉神社的神物来催收，债权人也期待其使用同一手法，而这比向一般俗人"寄沙汰"更为有利。

另外一个理由是，他们拥有超越领域的自由行动能力。借网野善彦氏的说法，神人渊源于自古以来就与商业、金融领域密切相关的非农业民。这样的话，我们当然可以充分想象到，他们作为入侵"甲乙之庄园"，在道路、河川、山岳执行寄沙汰者再恰好不过了。

东西的德政

当然，在这个时代，横行于都鄙之间的寄沙汰当然不全是山僧、神人所为。文永年间（1264—1275），高野山金刚峰寺所领某村的豪农立下誓言文书，与两名武士断绝一切来往，因为这两人是"堂皇往来京都，行诸方沙汰"的寄沙汰者，同时还是"率领恶党乱入庄内"的恶党头目。

"受托"无法实现自力救济的弱者的诉讼，并通过裁判来决定对错是非，当然是公权力应具备的能力之一。面对成为时代风潮的寄沙汰行为，是不可能只靠发布"且于寄沙汰，公家武家皆盛诫"之类的法令就足够的。最重要的是构建与时代相应的裁判制度。安达泰盛执政期间幕府对诉讼制度的扩充，稍晚开始的龟山院政下对公家诉讼制度的中世性改革这一东西呼应的弘安德政，可以说是为了实行名副其实的德政而做出的必要努力吧。

与此同时，否定寄沙汰还需要一个前提。那就是不屈服于"为所欲为的神威""毫不讲理的佛光"等的合理性思维，将佛物、神物回复到原来的形态，明确人物与僧物界限，恢复因相传而扭曲的现实的复古主义。德大寺实基的奏书中展现的只是极其抽象的政道，但那无疑是弘安德政在思想上的根干。

第九章

德政的思想

田舍之习

广田社十八条

位于今天兵库县西宫市的广田神社，自古就深受天皇家尊崇。每逢国家大事、天变地异等，朝廷就要遣使者向二十三个神社奉币祈福，而广田神社就是其中之一。弘长三年（1263）四月，朝廷的神祇官向该神社下达了十八条刑事法令。

广田社在国家官制上当然属于神祇官的管辖之下，神祇官的长官神祇伯，从平安时代后期到明治维新为止一直由白川家世袭。这个时候，律令制度中的许多官衙及其附属的官衙领地都一起被特定贵族家产化并代代相传，神祇官也是其中之一。因此，广田社实质上也带有以白川伯家为本所、以地方社家为预所¹的一种庄园式性质。所以，如果重视这种经济侧面的话，这一法令或许也可以说是本所白川家对支配下的庄园广田社颁布的庄园本所法²。不过，不管它是公家法还是本所法，这种细微差别在这里并无讨论的必要。因为不管如何定义，我们只要把它理解为构成当时京都朝廷统治阶层的法律意识就行了。

抚民

那么，为什么要举出这十八条法令呢？首先，总论此法令立法主旨的末尾第十八条如此说道：

> 设立此法是为了社家和平、人民安堵。为此以上条文减轻了对土民的刑罚，但如果有人趁机犯法，那为神为人都必须严加惩处。

"安堵人民""慈悲抚民"＝"抚民"。这一意识在镰仓中期以后，渗透到了日本统治阶层，最终成为支持镰仓后期德政政策的有力政治思想之一。

抚民这类词语，或许让人立刻联想到二战前修身教科书式

---

1 "社家"指世袭特定神社神主职的家族；"预所"指庄园的代理管理者。
2 由实际管理庄园的庄园领主颁布的庄园内法令。

的自己节俭以体恤民众的政治，比如仁德天皇忧愁民间炊烟稀少，不顾宫殿朽损而减免课役，北条时赖一味注意节俭并为《盆景》[1]感动。当然，为政者力行节约以减轻民众负担在这个时代既是帝德，也是德政的旗号。

但是如前文所见，正因如此而被重复得耳朵长茧的"振兴佛神事"，其实质也完全变形了，则这个时代的"抚民"也和的古往今来都会被赞誉的超历史性的抚民完全不一样。因为对当时民众因何而苦，又必须针对什么来安堵民众等问题的认识上，此时的法令具备了以往未有的新意。

对通奸的制裁

既然如此，我们就赶紧具体研讨一下《弘长三年法》的内容，首先来看对"犯他人妻者的制裁"做出规定的法令。条文最初明确此罪是有人上告才适用的罪名。这实质上近于现行日本法律上的亲告罪，与旧刑法中的通奸罪基本相同。但完全不同的是，在中世，本来所有的刑事案件都是被害者起诉才能立案，也就是说，原则上所有的罪名都是亲告罪。有句谚语非常有名，叫"狱前死人，无诉不检断（即便警察跟前横着尸首，但无人上告就不会行使警察权）"。不过，这终

1　能剧，其中描述北条时赖出家后巡游，在大雪天投宿到贫穷御家人佐野常世家里，后者烧了珍爱的盆景给他取暖，并说镰仓有事自己一定第一个参阵。

归是个原则，贪婪的执法者若分文不得，即使见着尸体也懒得伸腰，但反过来，如果有赚头的话，谣言也会被当作案件来办。所以，这一条文特地强调"诉人"肯定是一种抚民举措，虽然不算什么大不了的。

接下来是条文的主文。它规定这种有夫奸若是男情女愿的偷情，则双方各罚款一贯钱，如果是强奸，则男方罚款两贯钱。有意思的是，如果是女方积极勾引，则男方无罪而向女方罚款两贯。这也不算什么，问题在下面，也就是这一条的附则部分：

> 如果妻子遭人侵犯后，丈夫始终愤懑难平，在得到神祇官的许可后，可以按照旧例向犯事男女各收三贯罚款。

守旧例

这样奇怪的法令，在传世数量有限的日本中世法中也绝无仅有，我觉得有志于研究的读者不妨一记。特地发布一条法令，规定了男女加起来两贯罚金，却在同一条文中说，私通女子之夫无法容忍时就适用一下子翻了三倍的六贯文"旧例"。

这条法令把罚金一举减轻到以往的三分之一，算是对通奸男女加以垂怜的抚民法条，但其中必须如此在意的"旧例"又是什么呢？它不可能和这条法令一样，是神祇官曾经制定过的旧法令之类的条例。它明显不属于这类，而是当地沿袭日久的习惯法吧。根据法文，被处的罚金由广田神社社家与追捕使（警察权行使者）各分一半。这条抚民法令必须在意的"旧例"，就是把关系到破案收入的地方支配者的利益，与"夫之郁念"，即地方社会比京都贵族对通奸行为更强烈的憎恶结合起来的习惯法。

刈夜田

举一个更典型的例子。那就是题作"刈夜田辈之事"的古今少有之法令。

> 对夜间割取他人稻穗者的处罚：
>
> 割稻穗不满一束，只要向受害者同额赔偿，就不再追加其他处罚；割一束的向其征收三束；割取两束以上的再犯者，处以与割取数量相称日期的拘留刑。

这就是法令的主文，其中有两个要素，一是犯罪时间限定为夜间，二是针对割取现在立在田里没收割的稻穗。特别是忽略前一要素，则"刈夜田"的行为就和一般的盗窃行为没什么区别吧。在京都的立法者肯定是这么想的。如果只是盗窃的话，其实紧挨这一条的前面就有"窃盗事"条，实际上也做出了详细规定。该条主要部分就是把赃物换算为钱，一百文以下同额赔偿，二百文以上就倍额赔偿，一贯以上处以拘留及没收财产。

　　因此，我们把刈夜田时的一束稻米看作盗窃罪中的一百文，则两条法令的量刑大体是对应关系，没什么必要专门立一条"刈夜田"了。那为什么没有这样做呢？让我们听一听极其罕见的立法者自己的解释：

　　　　以上的刈夜田罪，比照盗窃罪处置则可。但是对于"刈夜田"的行为，"田舍之习"加以苛酷制裁。故特立此条。

田舍之习

　　立法者说，如果只是将其包含在一般的盗窃罪之中，就无从将犯罪者从对"刈夜田"者苛酷的"田舍之习"中拯救出来，所以才立法。此处鲜明体现了"抚民之法"的本质：那不是减免年贡、夫役之类，也不是改正旧法减轻处罚，而是将直接支配民众日常生活的现行"旧例""田舍之习"纳入视野，将民众从其残酷的制裁中拯救出来。

　　而且，相比有夫奸罪的"旧例"与新的抚民法的差别只是罚金额度（当然，考虑到当时民众的经济能力，这个差别仍是巨大区别），"刈夜田"的"田舍之习"恐怕没那么轻巧。现在虽然无法深入其中，但是没有月光的夜晚是字面意义上伸手不见五指的黑暗世界，是中世的"田舍之夜"，是由与明亮白昼大相径庭的禁令、习惯所支配的空间。"刈夜田"是带有禁忌性的侵害，是和单纯偷盗他人田里农作物性质不同的犯罪。

虽然是后世的例子，但在以总村[1]知名的近江国今堀乡的内部规章中，规定从黄昏六时到清晨六时[2]携带稻子通过，不论稻子属于谁都要受到处罚。在我的想象中，广田社领地内的"田舍之习"恐怕会处死被捕的"刈夜田"犯人吧。不管是昼间偷割还是夜间偷割，一束稻就赔一束稻，两束就翻两倍，这个时代的"抚民之法"就是用这种简单明快的合理主义来否定地方上的残酷私刑。

誓文之法

幕府的抚民法

在特异法令甚多的广田社十八条中，还有一条虽不耀眼，但实际上非常有趣的法令。那就是主旨是不得向书写誓文的人收取财物的法令。初看起来，这是广田社的独有规定，并不带有普遍性。

然而，在日本的中世法律中，我们可以找到另外一条与此立法主旨几乎相同的法令。该条发布于比广田社法早十年的

1　由在村武士（地侍）和有力百姓以家为单位共同经营的自治村落，普遍成立于镰仓后期到室町战国时代，在畿内最为典型。

2　日本古代民众常用的一种计时法，以日出前后为清晨六时，日落前后为黄昏六时，大致相当于十二时辰中的卯时和酉时。黄昏六时到清晨六时即是夜晚。

建长五年（1253），立法者是镰仓幕府。接下来我来解释这条誓文之法究竟在何种意义上是抚民法。

建长四年，北条时赖将后嵯峨上皇的第一皇子宗尊亲王迎为新将军，可谓是东西蜜月时代的开场。第二年十一月，以这个深有意义的年号作为寺号的建长寺，以宋僧兰溪道隆为开山祖师，开启建成供养。在这个好事接连出现的年份，十月幕府向诸国郡、乡庄园的地头代理人送达了十三条刑事相关法令。时间间隔十年、立法者完全不同，但在根本理念上，这是与广田社法完全相通的新型抚民法。

防止酷刑

比如说，我们比较一下对盗窃犯的处罚规定，在广田社法中对于折算钱币为一贯钱以上的盗窃适用拘留刑，在建长的幕府法中则是六百文以上，差距极少，在法意上也有惊人的亲近性。对于盗窃罪，两者共同的立法主旨是防止地头、追捕使等当地警察权执行者对犯罪金额为一两百文的小额盗窃犯——恐怕村里贫农所犯盗窃多半在此范围内吧——施行残酷刑罚，甚至连坐父母、妻子、亲眷。建长的幕府法规定，今后地头若对此处以超出盗窃罪以上的酷刑，则以"颇非抚民之法"为由，处以没收职位的严厉处分。

另外，针对"犯人妻者"的条文，广田社法中也做了详细说明，所以我们这里也来看看。法文如下：

关于此罪《御成败式目》已有规定。但是地头只凭流言蜚语，不调查事实，对名主、百姓加以毫无根据的罪名，这是极其无道之举。今后只有别人告发，且证据确凿时，才可对名主处以二十贯、对百姓处以五贯的罚款。

确实，《御成败式目》规定不管强奸还是私通，对犯人妻者处没收领地，没有领地者则处流放。但是，《式目》立法者所想的只是有领地者，也就仅限定于武士身份之人，凡下百姓的通奸在法律管治对象之外。对于不是通奸而是在道路上的强奸行为，幕府特别规定了剃掉非武士身份的犯罪者半边头发的特殊刑，我们由此可充分想象到这一点。

然而，地方上的现实没有这样温情。比如正安二年（1300）萨摩国的案例，地头山田宗久在没有诉者的情况下逮捕百姓之女，称她有"间夫之咎"而将其狠心卖掉。即便是镇西探题，也还是以"无诉人"为依据下令救回这位可怜的女子。建长的幕府抚民法里规定的百姓五贯罚款，和广田社的"旧例"基本相等，可见在现实之中对于通奸者的处罚是多么残酷。

此外，这一抚民法必然要处理地头行使警察权产生的种种残酷行为。但是，那些不是单纯的暴力、毫无依据的不法行为。负面地看，地头所言不过是借口而已，但转变视角，则也有相应的可视作"法律根据"的东西。

扭打程度的打架是"土民之习"，若没有伤人则没有
必要问罪。但是有地头"或称斗争，或号打掷"，以此虐
待百姓。今后要贯彻抚民，停止此类无道之举。

即便不是中世的"土民"，推推搡搡都要一一问罪就没完
没了了。法文虽然称此类残忍地头为"猛狂之辈"，但是，他
们绝对没有失智发狂。这一点从他们"或称斗争，或号打掷"
就清晰可见。因为《御成败式目》"殴人之科"对单纯"打掷"
行为做出了严厉规定，武士要被没收领地，郎从以下要处拘禁。

当然，《式目》在此对百姓的打架等也没有任何关心。武
士之间无谓的"打掷"容易立即引发集团之间的大混战，为
维持武士社会和平的这条法令，没想到被地头用作虐待民众、
招致"民烦"的法律依据。

供品钱

但是，地头为了把自己的行为正当化，所利用的当然不只
有被曲解的《御成败式目》。我觉得他们也利用连抚民之法也
很难简单压制下去的根深蒂固的规则。那与广田社法的情况
一样，是植根地方的习惯法"田舍之法"。

蒙受不实之嫌疑，不得不接受地头制裁而落入困境
者，如果事属冤枉，就命他写起请文对神佛发誓。此时
很多地头以"供品钱"为名目征收绢布等物品。这完全

是无理之举，即便有地方上的"先例"，今后也禁绝此事。

这就是以"令书起请文由之事"为题的幕府法令。那么，我们在此对比前文省略的广田社法的"起请文之事"：

> 禁止在令人写起请文之际，以"打敷"费用为借口向书写者征收金钱。但是若出现"起请之失"时，可依先例征收。

除了前者中的"号供品钱"在后者中换成了"称打敷（铺在祭坛上的装饰用垫子）"，两条法令意图禁止的实际事情明显完全一致。

起请文和著名的"盟神探汤"、"汤起请[1]"一样，是一种神明裁判。书写者向神佛发誓自己的起誓内容真实，如果弄虚作假则现世中得"白癞、黑癞"之病，来世堕入无间地狱。在刑事案件里，它不仅用来证实自己无罪，也可用作确定犯人时的集体投票等环节。书写起请文的人要在神社闭关一段时间，期间如果身上没有发生异常，其誓言的真实性就得到神明证实。相反，如果该人在此期间出现流鼻血、衣服被老鼠咬坏等"失"，那么起誓就被判定为作假。

1　原告、被告把手伸到沸水里，以伤情轻重确定胜诉者。

否定先例

这样，在刑事案件里，警察权者让嫌疑人写起请文的做法本身不是什么无道之举，抚民之法对此也无异议。问题是"供品钱""打敷用途"。一般在中世，文书的发出者向收件者收取奉书钱等费用并不稀奇。但是在此情况下，起请文的书写者不是地头、社司而是百姓，就不适合一般常理了。

那么，征收"供品钱""打敷用途"是完全没有理由的不义无道之举吗？如果是这样，幕府也不用特意去强调此行为"即便有先例"也不得如此，神祇官应该也不会在出现起请之失时加上"任先例"了。这些"先例"确实有其渊源。

根据佐藤进一氏的研究，起请文原本是以祭文、起请两种文书为母体而发展出的文书。其中祭文是为了除厄招福，也即祭神之时的文书，通常要设置祭坛，供奉布帛、谷物、酒、水果等。我们固然不能认为在中世社会到处可见的起请文全都因袭这一祭文习俗，但至少本来要有祭仪、供品这一意识还是浓厚地遗留了下来，在现实中偶尔有人这么做也没什么不自然吧。在村落内部让民众发愁的"供品钱""打敷用途"的背景里，就潜藏着与起请文产生、发展有关的民俗习惯。

和对待针对"刈夜田者"的"田舍之习"一样，抚民法的立法者在此充分认识到了在地方延续的先例、惯例，但仍尝试将其否定。

地下之沙汰

两个半世纪后的文龟年间（1501—1504），九条政基虽身为最高贵族的前摄政、关白，却不得不长期到其家领和泉国日根野庄生活。他在那里目睹的是严格、残忍的村落社会规矩。虽然是在饥荒最严重的时候，偷盗蕨菜粉的两名儿童，连带其母皆因盗窃之罪而被庄民处刑。政基愤怒于这一残忍的"地下之沙汰"，但就算他身为庄园领主也救不了可怜的母子。仅此一例，我们也能轻易想象到，在京都、镰仓订立的十条二十条法令很难胜过亘古以来一直延续的"田舍之法"。

但是，不管立法目的实现与否，主动持有这一意图的中央法律的诞生，无疑是日本史上首次出现的大事。

彗星现世

彗星

永仁五年（1297）二月十九日，早春的胧月之夜，一颗看上去有五六尺的彗星横空而过。看看文明开化以后的明治四十三年（1910）哈雷彗星出现时的骚动，就不难推想到在完全不知道其为何物的中世，人们会把它当作诸如饥荒、疾病、战乱的凶兆。不但是给民众，它给当政者的冲击也是很大。

就连那位后鸟羽上皇，也在承元四年（1210）因为"思为天变中第一变之彗星出现，重夜久不消"而战战兢兢，匆忙安排土御门天皇退位，并让顺德天皇即位。关东的镰仓幕府在延应二年（1240）彗星连夜出现时，也以减轻贫民负担乃是免此灾厄的上策为由，中止了定好的将军九条赖经进京一事。

彗星→灾厄→德政，这一联想对于中世人是极其自然的。《永仁德政令》在关东颁布是在次月六日，此夜彗星依旧未消。

回头来看，因弘安八年（1285）十一月霜月骚动，弘安德政遭遇挫折已经过了十一年，其间安达泰盛的主敌、北条氏御内人的首席平左卫门赖纲也已灭亡了。

平左卫门地狱

让话题跳过几十年，在南北朝将要结束的应安八年（1375），临济宗名僧义堂周信前往伊豆国热海游玩，有位僧人指着一角之地对他说：

> 过去极尽恶逆之事的平左卫门的府邸就在此处。被主君北条贞时消灭时，其府邸陷入地里。那时有人说这里如活地狱一般，今日此地仍称为"平左卫门地狱"。

若无相应恶行，应该不会产生如此夸张的恶名传说。弘安年间之初，幕府在得宗领骏河国热原镇压日莲信众，作为得宗御内人而参与此事的平赖纲逼迫百姓放弃信仰自不用说，其儿子饭沼助宗的残忍行径让非信徒也目不忍睹。这位助宗后来官任检非违使、安房守。从他父亲平赖纲的朝廷官职只是左卫门尉来看，作为得宗私属的他获得了破例升职。恐怕这也是御家人嗟怨之因。但是，他们父子所背负的负面印象的最大部分，还是起因于他们杀害了德政推进者安达泰盛吧。他们是枉害好人的反派形象。

其专权不过数年，就于正应六年（1293）四月，在刚巧因大地震死伤两万的镰仓被北条贞时不费吹灰之力地诛杀了。

于是，年号改作"永仁"的这年八月，在执权北条贞时治下出现了一种政治反弹。第二年六月，幕府发布了《弘安合战恩赏中止令》，对泰盛余党的追捕，以及与之相反的对那场战斗中立功者的恩赏都在这一天划上了终止符。也就是说，霜月骚动本身要被掩盖了。不少作为泰盛派而遭到贬黜的实力派御家人官复原职。

引付的改组

当然，平赖纲的灭亡并不意味着安达泰盛的政治路线会原封不动地复活。仅凭一点"逆意"的传闻就灭掉了第一心腹的北条贞时，如今决心走向独裁者之路。他最初的着手处，依旧是幕府诉讼制度的根干——引付制度。

赖纲灭亡不久后的六月，原本为五方的引付被缩减为三方，十月引付之名被废止，原来的引付头人改为七名执奏。

这在裁判实务上虽只是名称更改，但在支持制度的理念方面则完全不同了。弘安德政之中，安达泰盛煞费苦心地完成的制度体系，是各引付在头人的指挥下承担责任地判断。与之相对，新设的执奏沦为单纯的建议机构，最终的判决完全是北条贞时一人的责任。

这样来看，赖纲灭亡后，泰盛未竟的德政之梦不仅未实现，甚至开始向其反方向发展。但是，实际上这是贞时风格的德政，至少作为口号的德政复活了。正好此时因与地头打官司而滞留镰仓的东寺杂掌向京都报告说，这样的引付制度改革是作为"德政之仪"而推行的；原告也指望"当时乃御德政之最中"，水泄不通地集于幕府法庭门口。面对充分审理与提升结案速度这个任何时代的裁判都有的矛盾，贞时相信舍弃前者，把重心放到后者的改革才叫德政。事实上确实很多人是这么理解的。

不过，光是快也不行。前来控告地头非法行为的原告欢迎此项制度，就像那位因为诉讼一再拖延而急躁的东寺杂掌一样，但是期望维持原本引付体制的御家人势力也自然反对。执奏制度仅一年不到被废止，次年十月五方引付制度复活，就是最好的证明吧。

越诉制

贞时的政治就这样没有一贯性，而是忽左忽右的"之"字形前进。其典型例子就是越诉制的存废。记忆力好的读者，也许还记得第二章在解说《永仁德政令》时，对于规定废止越诉制的 B-1 条和关系土地抵押买卖的德政令本体有什么关系，我当时将问题保留下来没说，现在是讨论它的时候了。

在执奏制施行中的永仁二年十二月，幕府出台了以下法令：

> 先日规定，由执权贞时直接裁断、驳回的诉讼不予越诉（重审）。但是，御家人不满情绪在积累，故今后重开越诉。

文中说的"先日"虽不是几天十几天前，但实际上也就是两三个月的感觉，近乎朝令夕改的模样。为什么人们对于越诉制的存废如此敏感呢？

这里极其简单地解释一下当时的越诉制：由再审头人、奉行人构成的专门机构越诉方独立于引付之外，败诉人经一定手续后在此提出重审要求。越诉方单独审理，将其结果报告给评定会议，由其下达最终判决。

矛盾

因此，在引付制度发挥作用的情况下，即便出现与原判决不同的重审判决，也不会伤害到执权的权威。但是，形式上是由贞时个人做出的执奏制度下的判决，被另一个机构越诉方推翻的话，对于专制者贞时来说，面子必然不好看。试想一下，在过去的文治、建久年间，源赖朝等前三代将军的时代是将军专断，当然不存在什么重审。如今不是将军的北条贞时专擅起直断之权，自然立即与其他制度冲突起来。

"先日之法"废除越诉方以解除这一矛盾。这也是适合贞时的"德政"，即加快诉讼速度。但是，这种单方面的做法御家人不会买账。"先日之法"迅速被改，永仁二年十二月越诉方又告复活。

将其复活虽好，但如果执奏制度原封不动，则前述矛盾又要旧态依然地不断扩大。永仁三年十月，这次废止了执奏制，重启了五方引付的制度，而其理由之一当然是其与重审制之间的瓜葛。

这样，对于想要把裁判附属在自己专制权力之下的北条得宗政治来说，重审制就成了眼中钉。永仁三年十月，引付制度复活，但由于有"重要案件仍由贞时直接裁断"的附带条件，依然留下了与复活后的重审制度矛盾之处。而且，具体情况虽不是很清楚，但越诉头人的职位似乎成了反贞时派的据点。如此这般，重审制度就成为被得宗北条贞时紧盯并千方百计想要废止的制度。

断行德政

永仁五年二月十九日夜，彗星现世。贞时当机实施德政。所谓德政，不外乎振兴裁判、振兴领地两大复古纲领。

　　若是裁判，则要处理挤压的悬案、重审问题。实际上这对贞时来说是绝无仅有的机会。因为振兴领地令，即"御家人的领地回到御家人手里"的条令，至少在幕府法的法理上是单方面有利于御家人的安排。而且只要发布振兴领地令，谁都预想得到诉讼案件会随之增多。所以，在此时全面废除重审制也不会招致御家人方面的不满。

　　在我看来，初看之下毫无关系的废除重审令与收回卖地令，在《永仁德政令》中联系在一起的原因或许就是上述事情。一般的振兴令都是复活或者扩充某制度的内容，但像这次这样"废除"被列为德政之一则完全是特例。但是，对于以加快案件审议为理念的贞时的德政来说，德政不是振兴而是废除也没有问题吧。

第十章

新的中世法律诞生

实际效力

国债消失的社会

恒常性的财政赤字，雪上加霜的不景气带来的税收不足。为了填补这个窟窿，昭和五十年代（1975—1984）的日本列岛充斥着大规模发行的国债。今天的国债利息支付日时，前来取利息的人将证券公司门口堵得水泄不通，要是在国债余额至少达到 120 万亿日元的昭和六十年代末，又该是怎样的情景呢？

代表国债辛迪加团的某位银行家面对记者"您想过国债消失的社会吗"的问题，稍微思考后回答说："这种做梦的事情，我可想象不出来。"我们不可能知道在那片刻的时间里，这个人的脑袋里闪过了什么，但也许他想象了以某种方法让已发行的国债全部失效，由此使其消失的手段。

不过，现在为了消除国家的债务而宣布取消其他一切债权债务，也就是实施了天下一同之德政，日本经济也许会陷入无法收拾的混乱局面，也许意外地没出大事就过去了。但不管怎么说，至少在当下时点，这种事情不过是一个"做梦的事情"而已。

御家人的归御家人

不过在中世社会，那就不是做梦的事情了。如《永仁德政令》B-3 条，或是室町幕府的德政令主要着眼之处所示，那时存在发布取消债权债务的德政令的现实性途径。

幕府与江户时代的藩、近现代的日本政府原本就不一样，自身全然不负债务。众所周知，后期的室町幕府频繁发布分一德政令、分一德政禁制，所谓"分一"就是从借贷双方征收部分金额以勾销或认可借贷行为，补充幕府财政，作为德政令适用的回报。但是，镰仓时代的幕府当然没有这种破格性法令。我们基本不清楚镰仓幕府经济收支的实际情况，但是它确定是以从御家人领地赋课的所谓"关东御公事"为基础的"节约型政府"。只要"御家人之物"由御家人安定地支配，幕府、御家人就同时安泰如山。

但是这种结构蕴藏着失去"物"的时候也会失去"人"的危险性。

只要曾祖父时确实知行领地，且拥有安堵下文者，即便如今没有可知行的领地，也认可其御家人身份。

在平赖纲灭亡不久后的永仁元年（1293）五月发布的法令如此规定。但是，幕府必须要阻止无地的御家人继续增加，而且尽可能地减少其数量。通过将物回归，人当然也会回归。若永仁德政在振兴领地层面继承了弘安德政，那么它朝着彻底恢复御家人领地的方向前进，毋宁说是自然而然的。

买主的抵抗

《永仁五年令》在其本来目的，也即振兴御家人领地层面上，在现实中成功地恢复了许多御家人的领地。比如前文介绍的丰后国御家人志贺禅季，在写有德政令的关东御教书抵达九州的镇西探题所之前就想收回卖掉的领地，但未成功而身死，其领地不久就回到了其兄手中。当然，土地被收走的买主也不可能坐视不管。

买主善阿予以抵抗，强行不交出买卖成立时获得的两份土地本文契，并以强行手段从仓库里取走依照幕府命令而存放在那里、留待双方之后处理的永仁五年（1297）秋天所收稻穗九十五把。当然，这样的事情不能就那样了结，不久双方再度对簿公堂。在法庭上，善阿如下主张：

已故禅季虽然身为御家人，但却上京向公家奉公。没有必要交还这样做出不符御家人举止之人的土地。

但是志贺氏方面反驳说，禅季上京是为了学问，侍奉公家也纯属无根传闻，使善阿的抵抗落空。最终结果是争议领地自不用说，土地文契和秋收米也必须还给志贺氏一方。

从属将军与公家的两属关系是否意味着立即丧失御家人身份另作别论，善阿的反驳在我们看来明显只是迫不得已的诡辩吧。不过，只要不是御家人，就不能适用德政令，而善阿的逻辑无疑忠实于《永仁德政令》的固有原则。

寄事左右

但是，只要踏出幕府法庭之门，就可以看到在外面正上演着与该原则无关的其他事态。比如说，对于几个世纪都平稳支配的伊豫国的祇园神社领地，永仁五年突然有很人横加滋扰，并如此主张：此地五六十年前，或是一两百年前，是自己祖先卖掉的田地，所以请还给我。

控告此事的祇园神社杂掌主张这种滋扰是"寄事左右"（强行找借口）。从幕府法的原则来看，这确实就是"寄事左右"吧。首先，想要取回土地之人是"在厅以下甲乙人"，从各种角度来看都不是御家人。其次，其主张一百年两百年前，很可能追溯到幕府成立以前，而这就根本不是幕府所谓知行年纪法这个层次的问题了。在谁都预想不到边地镰仓会出现武士政权的时候被卖掉的土地都要收回的话，就和御家人非御家人、知行是否满二十年等完全没有关系了。

本主的身份

　　另外，摄津国胜尾寺的文书里记录着这样的案例。该国能势郡吉河村的女性源氏女拥有一亩半田地，卖给同村人藤原康衡。不久康衡将其转卖给了胜尾寺的僧人显心。这个时候德政令发布。本主源氏女立刻要收回土地，但进展不顺，就把权利让给了儿子仲贞，让他继续交涉。两年后的正安二年（1300），一个名叫盐河仲基的奇特武士出现，拿出七贯五百文从仲贞那里重新买下此田，并捐赠给胜尾寺，将这桩案子可喜地了结。

　　挂名之人很多，所以看上去此事很复杂，但要言之，这是土地本主源氏女与现知行者胜尾寺之间的关系，寺院获得盐河仲基的七贯五百文钱，把它支付给源氏女，并不再返还土地了。从金额上看，这也可以说是适用了德政令，到结案为止有好几个人介入其中并持续交涉。虽然没有确证证明源氏女不是御家人，但从相关事情看，她几乎不可能是御家人。这一点最终没有成为问题吗？这些人照例是知道了关东御德政之名，但没看过其法文之类的人吧。

参与到法律之中

普遍的"还原"

事情也许是那样，但也许不是。之所以特意介绍这个例子，实际上是因为这座寺院里传下来的诸多中世文书中，有一份永仁五年（1297）七月二十二日送达六波罗探题的德政令原文抄本。本书开篇提到，依靠东寺百合文书里面一份偶然留存的南北朝时代诉状中附加的证文，我们才确切知道《永仁德政令》的内容，不过，其实还有一份抄本留存下来。

只是，这份抄本比起东寺抄本就很不正确，其文字和书体都非常稚拙。而且有趣的是，"难"字一度写成了"虽"，"仍"字一度写作"何"，后面虽加订正，但这些明显是因为那些字的草书体很相似，一开始就抄错了。整体来看，很难认为这是熟悉幕府法令内容者所抄写的。

如果胜尾寺在正安二年（1300）之前就取得此份抄本，那么只要正确理解法令内容，就不必付七贯五百文钱给源氏女了。但是，我觉得即便寺院一方拿到了这张抄件，也不会那么顺利。

在本书开篇处，将《永仁德政令》作为文契证据提交的下久世庄的名主、百姓，在引用其内容时将"买得"改作"卖买"。这是由于他们察觉到原法令所谓"卖主"只是御家人。也许，胜尾寺的僧人脑海里也涌出了这个疑问，但是这种疑问瞬间就消失了吧。因为毕竟世间"卖买田可返由，关东御德政"的风暴大作，本来只限于"御家人之物"的规定被人忘记在某处，开始出现更加普遍化的回归，就像万叶时代的"商返"一样。

《永仁德政令》的冲击

不管是在 13 世纪的当时，还是在 20 世纪的现在，《永仁德政令》作为幕府法为何无出其右般著名？讲明此事的缘由，就是我这本小书的主题。所谓的有名，也可以说是许多中世人参与到此法之中。这条法令诞生不久，其名号就遍传全国，事实上使许多土地回归原主。在此之后，即便是错字连篇的、笔迹幼稚的卖契上，也会理所应当地记下德政相关的文字。

这种参与当然不是立法者幕府有意引起的，也不是法令自身内容驱动的。彗星现世，应行德政。御家人的归御家人这条德政令的内容，绝不是大幅度偏离中世社会常识的惊天动地之举。与弘安德政中多方面的改革相比，此次德政限定在领地方面，反而是范围更小的改革。尽管如此，其对社会造成的冲击依旧强烈。

回归与中央之法

至于其理由，笔者想要在长短两种时间维度中衡量。

其一，自弘安年间（1278—1288）开始（本书虽未提及，但在稍早的文永［1264—1275］年间就已经有其萌芽）的公武东西两大权力的德政已经平整地面、放好音响、吸引到人们的注意力，而这一《德政令》就此登场。特别是继承了化作泡影的安达泰盛路线的关东御德政，与连续进行的公家德政一起，不容分说地打好了向天下一同之德政迈进的基础。彗星现，幕府发布德政令，"御家人之物归御家人"。但是很多人不这么理解，认为"一百年之前的土地也要物归原主"。

其二，从更长的时间段来看，这是有关于日本法律史——当然，这与社会整体的历史也不无关系——的一个节点。没有与以往完全不同的抚民，就不可能有这一时代的德政。充分意识到"田舍之法"的存在，并且在思考与其关系后孕育出"中央之法"的时代终于开始了。也许我们可以说，不管两者所据法理多么背离，双方各自具有效力的时代正在走向终点。在此之前只是凡下百姓的民众，开始被特别称为"甲乙人"，幕府的法令也在农民的卖契中留下了名字。

永仁之壶

已经是二十年前的事情了，不过也许有不少读者还记得一时沸沸扬扬的"永仁之壶"事件吧。那是关于带有"永仁二年甲午十一月"铭文的陶壶真伪的论争。该陶壶被认为是在二战中发掘，并被指定为重要文物。

现在我感兴趣的是这件陶壶的实际作者加藤唐九郎氏的

一句话："把铭文定为'永仁'是我的创意"。在镰仓时代一堆年号之中选出"永仁"没有美术史上的根据，大概只是它在加藤的脑海里浮现出来，成为合适的年号。按照千千和到氏的讲法，在有来源的金石文里，永仁年号最明显。

出自"永载仁风,长抚无外（天下）"（《晋书》）的年号"永仁"，不像"应永"那样漫长，也不是"应仁"那样出现政治大动乱的年代。但作为日本许许多多民众首次得以参与"天下一同之法"的纪念碑，它会一直留在人们心中吧。

后　记

　　已经是十年前的事情了,那时我负责岩波讲座《日本历史》中"中世的政治社会思想"这个宏大且难以明了的题目(第七卷《中世3》,岩波书店,1976;后收入《日本中世法史论》,东京大学出版会,1979)。我苦思冥想该写什么适合的内容,但毕竟是自己不熟悉的领域,想不出什么点子,茫然无措。那时,网野善彦氏提议说:"写一下德政如何?"意识到至少德政是象征"中世的政治社会思想"某一方面的对象后写下的文章,是我德政论的起点。

　　印象中,网野之所以劝我写德政,是因为数年以前,我们就"弘安德政"(当时的学界自然完全没有"弘安德政"等术语)数次讨论。网野氏的意见披露于《蒙古袭来》(小学馆,1974;小学馆文库,2001。在此书中,网野氏对我未能触及的包含德政的镰仓后期政治经济状态进行了详细说明，请一定参照）的一节，而我觉得有必要从多角度思考德政更为本质的方面，也就是德政令的现实效果"物之回归"。何况在岩波讲座里的那篇文章主要是抽象论，很难说有什么说服力。

之后不久，胜俣镇夫氏的论文《地发与德政一揆》（《战国法成立史论》，东京大学出版会，1979）发表。他认为，"地发"作为中世后期的一种德政，本质上是复苏因抵押、买卖而与开发者分离，陷于假死状态的土地。这篇具有冲击性的文章，让我了解到德政—地发—回归的现象在整个中世时代具备有一定合理性。受此鼓励，我尝试更加深入地思考"回归"的本质，在《思想》第670号（1980年4月）发表了《佛物、僧物、人物》疑问，由此我的德政论也总算有所成型，可以试着执笔早已答应的这本新书了。回头来看，本书中逻辑不合之处、未处理妥当之处俯拾皆是，对于读者究竟能否理解我完全没有自信。

如果读者基于《德政令》这一书名而期待涉及室町时代的德政令、德政一揆等内容，或者对镰仓德政的未来感兴趣，则可以去读胜俣氏的《一揆》（岩波书店，1982）。该书有一章将上述"地发"在内的直至江户时代为止的德政，统一理解为各种形式的"变革思想"所结出的果实。

从此书起点的岩波讲座时期就对我多有照顾的伊藤修氏，如今在新书编辑部，又热心鼓励我写作本书，这也是某种缘分吧。伊藤氏希望我至少在"后记"里略述德政通史，以便读者理解，然而这件事我也未做，只是一味地向其他学者的著作求救，对此我深感歉意。

1982 年 11 月

笠松宏至